調理の基本 まるわかり便利帳

松本仲子 監修

女子栄養大学出版部

調理の基本

まるわかり便利帳

目次

2

Part 3
エネルギーコントロールと減塩の基礎知識

Part 1 調理の基本

食材の目安量（1個、1尾、1切れ、1杯、1本など）の写真とともに、その目安量と正味重量、廃棄率を掲載しています。
調味料のg数と塩分量、糖分量も掲載しています。また、調味パーセントの計算方法もわかりやすく解説しています。

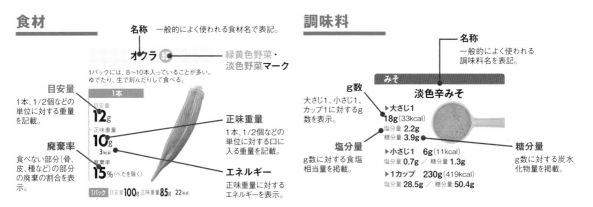

食材

名称 一般的によく使われる食材名で表記。

オクラ 緑黄色野菜・淡色野菜マーク

1パックには、8〜10本入っていることが多い。
ゆでたり、生で刻んだりして食べる。

1本

目安量
1本、1/2個などの単位に対する重量を記載。

目安重量 **12g**

正味重量 **10g**
3kcal

正味重量
1本、1/2個などの単位に対する口に入る重量を記載。

廃棄率
食べない部分（骨、皮、種など）の部分の廃棄の割合を表示。

廃棄率 **15%**（へたを除く）

エネルギー
正味重量に対するエネルギーを表示。

1パック 目安量 **100g** 正味重量 **85g** 22kcal

調味料

名称
一般的によく使われる調味料名を表記。

みそ

淡色辛みそ

g数
大さじ1、小さじ1、カップ1に対するg数を表示。

▶大さじ1
18g（33kcal）
塩分量 2.2g
糖分量 3.9g

塩分量
g数に対する食塩相当量を掲載。

▶小さじ1　**6g**（11kcal）
塩分量 0.7g ／ 糖分量 1.3g

▶1カップ　**230g**（419kcal）
塩分量 28.5g ／ 糖分量 50.4g

糖分量
g数に対する炭水化物量を掲載。

Part 2 調理の実際

野菜、魚介、肉などの食材別の洗い方、下処理方法をプロセス写真でわかりやすく解説しています。また、いつも食べている料理に関して「調理操作」の面から、おいしい料理を作るための方法をグラフや表などを使って科学的に解明し、解説します。

下ごしらえ

調理法

配合表
いつでもおいしい料理を作るための、材料と調味料の配合を表示しています。

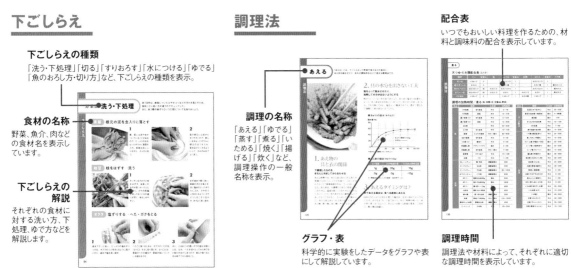

下ごしらえの種類
「洗う・下処理」「切る」「すりおろす」「水につける」「ゆでる」「魚のおろし方・切り方」など、下ごしらえの種類を表示。

食材の名称
野菜、魚介、肉などの食材名を表示しています。

下ごしらえの解説
それぞれの食材に対する洗い方、下処理、ゆで方などを解説します。

調理の名称
「あえる」「ゆでる」「蒸す」「煮る」「いためる」「焼く」「揚げる」「炊く」など、調理操作の一般名称を表示。

グラフ・表
科学的に実験をしたデータをグラフや表にして解説しています。

調理時間
調理法や材料によって、それぞれに適切な調理時間を表示しています。

Part 3 エネルギーコントロールと減塩の基礎知識

揚げ物や脂身の多い肉などのとりすぎは、エネルギー・脂肪過多の原因に。油脂を使う、または除くなどの調理を行った際の、油脂やエネルギー量の増減を解説しています。また、塩分のとりすぎも、生活習慣病の原因に。塩の正しい計量の仕方や吸塩率などを解説。

エネルギーコントロール

吸油率を解説
揚げ物について、食材と衣に吸収された油の割合を解説。吸油率は、揚げ物の種類や表面積の大きさによって変わる。

吸油率に伴うエネルギー計算法
揚げ物の種類によって変わる吸油率をもとに、実際のエネルギーの算出方法を解説しています。

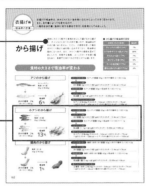

ドレッシングと油の付着率
野菜の切り方によるドレッシングをかけたときの、油の付着率を解説しています。

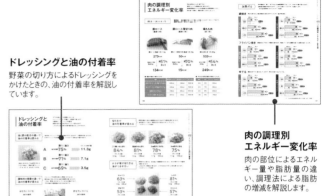

肉の調理別エネルギー変化率
肉の部位によるエネルギーや脂肪量の違い、調理法による脂肪の増減を解説します。

塩分コントロール

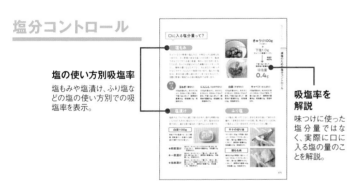

塩の使い方別吸塩率
塩もみや塩漬け、ふり塩などの塩の使い方別での吸塩率を表示。

吸塩率を解説
味つけに使った塩分量ではなく、実際に口に入る塩の量のことを解説。

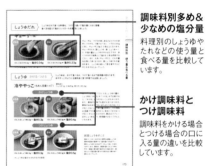

調味料別多め&少なめの塩分量
料理別のしょうゆやたれなどの使う量と食べる量を比較しています。

かけ調味料とつけ調味料
調味料をかける場合とつける場合の口に入る量の違いを比較しています。

栄養価計算の基本

献立作成の際に必要となる栄養価計算の基本をわかりやすく解説。栄養価計算をするときに必要な「日本食品標準成分表」の見方と使い方、計算方法、計算するときに迷いがちなことを、解説します。

食品標準成分表の見方
栄養価計算に欠かせない食品標準成分表を利用するうえでの注意点や、使い方を紹介しています。

栄養価計算法を解説
レシピの分量から栄養価を算出する方法を順を追ってわかりやすく解説。

● 目安量・正味重量・廃棄率のこと

食品の目安量とその重量、正味重量、廃棄率、廃棄部位は『食品の栄養とカロリー事典 改訂版』（女子栄養大学出版部刊）の数値を引用しています。エネルギーは「日本食品標準成分表2020年版（八訂）」から算出しています。

● 下ごしらえのこと

野菜、魚介類、肉類の下ごしらえを「洗う・下処理」「切る」「すりおろす」「水につける」「ゆでる」などの項目に分けて、それぞれの食材について解説しています。

● 調味料と味つけのこと

調味料の重量は『調理のためのベーシックデータ』（女子栄養大学出版部刊）を参照して掲載しています。塩分、糖分は「日本食品標準成分表2020年版（八訂）」から算出しています。調味パーセントは「作るときの味の濃さ・バランス」です。

● 調味料配合表・加熱時間のこと

材料や調味料の配合表の容量比は、覚えやすいようにきりのよい数値にしています。また、食材別のそれぞれに適切な加熱時間の目安を紹介しています。調理の段どりや献立作成に役立てましょう。『調理のためのベーシックデータ』『八訂食品成分表2021』資料編（女子栄養大学出版部刊）を参照して掲載しています。

● 吸塩率のこと

材料が吸収した塩分と材料に付着している塩分の合計を吸塩量とし、加えた塩分に対する吸塩量の割合を吸塩率として算出しています。『調理のためのベーシックデータ』『減塩のコツ早わかり』（女子栄養大学出版部刊）を参照して掲載しています。

● 栄養価・塩分・糖分計算のこと

エネルギー、塩分、糖分計算は「日本食品標準成分表2020年版（八訂）」をもとに計算しています。Part3の栄養価は、『調理のためのベーシックデータ』より引用、またはそれを参考に「日本食品標準成分表2020年版（八訂）」で再計算しています。

● 調理法のデータのこと

定番の料理に関して「あえる」「ゆでる」「蒸す」「煮る」「いためる」「焼く」「揚げる」「炊く」に分類し、おいしい料理を作るためのコツを科学的に解説。図表、表は各種論文より引用しています。

● 冷蔵・冷凍・保存のこと

冷蔵、冷凍は生鮮食品の鮮度保持や保存、保管を目的にしています。P154-155では、家庭で食品を保存する際の目安を解説。冷蔵庫内での適した保存場所や、冷蔵、冷凍、常温の保存の定義を記し、具体例も紹介しています。

● 吸油率のこと

吸油率とは、揚げる前の材料（衣は含まない）に対する揚げたあと（揚げる前の材料＋衣）の吸油量の割合を算出したものです。『調理のためのベーシックデータ』を参照して掲載しています。

memo

計量カップ・スプーン・へら・栄大スケールは、女子栄養大学代理部（03-3949-9371）で販売しています。特に1mLのミニスプーンは、塩を計るときに便利です。

Part 1

調理の基本

レシピの分量の読み方って知ってますか?

調理で一番初めにすることは、レシピの分量を読むことです。これを正しくしないと、でき上がりの味が違ったり、失敗してしまったりすることがあります。また、分量を正しく知ることは、栄養価計算をするためにも大事なことです。もし、レシピに「にんじん…1/2 本」とあったら、何グラムで計算すればよいでしょうか。「砂糖…大さじ 1/2」とあったら？　「サケ…1 切れ」の重さは計ったけれど、骨を残したらどうするの？　乾物はもどしてから計量するの？　こんな疑問を解決し、おいしく料理を作って正確に栄養価計算するために、レシピの分量の読み方をマスターしましょう。

栄養価計算で知りたいのは正味重量です

栄養価計算では、材料の重さ（グラム）が必要ですが、食べない部分（種、皮、骨など）を含めた重量ではダメ。実際に食べる重さで計算しなければいけません。これが正味重量です。かぼちゃなら、種、わたを除きますが、その割合が廃棄率で、食品成分表に記載されています。廃棄率を目安量にかけると廃棄量がわかり、これを目安量から引けば、正味重量がわかります。

ホクホクのおいしさ！
肉じゃが

442kcal/塩分4.5g

材料（2人分）

じゃが芋	3個
にんじん	1/2本
玉ねぎ	1個
牛薄切り肉	6枚
さやえんどう	4枚

だし汁	3カップ
酒	大さじ2
砂糖	大さじ3
みりん	大さじ2
しょうゆ	大さじ2〜4
サラダ油	小さじ2

作り方

1 じゃが芋は皮をむき、4つに切り、水にとる。にんじんは皮をむいて乱切りに、玉ねぎはくし形に切る。牛薄切り肉は食べやすい大きさに切る。

2 なべにサラダ油を熱し、牛肉を入れていため、玉ねぎ、にんじん、じゃが芋を加えていためる。

3 だし汁を注いで煮立て、アクをとる。酒と砂糖を加えて強めの中火で3〜4分煮る。

4 みりん、しょうゆを加え、落としぶたをのせ、ふたをして弱めの中火でコトコトと15〜20分煮る。なべをゆり動かして仕上げる。煮汁を大さじ2残るように煮上げ、盛りつけた上からかける。

目安量（概量）

食材は1個、1枚などの単位で書かれていることが多いので、その単位が何グラムなのか、目安量を調べる。これをもとに廃棄量、正味重量を求めることができる。

→詳しくはP10

調味料の重量・容量

調味料の場合は大さじ1、小さじ1、1カップなどの単位で書かれていることが多いので、その単位が何グラムなのかを知ることが必要になる。

→詳しくはP65

1. 目安量（概量）

目安量って何？

食材の単位に
対する重量のこと

レシピの分量は「じゃが芋1個」「ハム1枚」などのように、それぞれの単位で書かれています。この単位あたりの重量（例／じゃが芋1個＝150g）が目安量。実際には1つ1つの重さは違いますが、平均値として覚えておくと食材を揃えたり、栄養価計算をしたりするときに役立ちます。また、何をどれくらい食べたかを把握しやすくなるので、バランスのよい献立作りの手助けになります。

食品の目安量を知れば
エネルギー管理もラクラク!

市場に流通する
食材の大きさや重量は、
献立を立てるうえでも、
調理する際にも、重要

野菜、魚介、肉などの食材は、生産地、品種、出回り時期などにより、同じ種類のものでも大きさに差があります。しかし、一般的に小売店に並ぶ食材は規格がほぼ揃っていて大きさにそれほど差がないので、平均値として目安量を覚えておけばとても便利です。さらに、野菜などを手に持って感じた重さ、調味料を計ったときの見た目なども覚えておくと、目分量で調理ができるようになります。

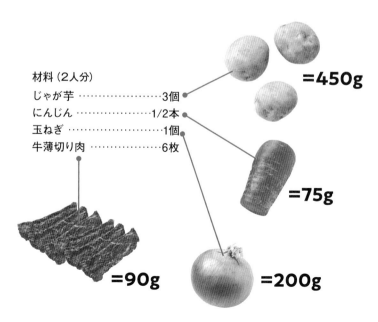

材料（2人分）
じゃが芋 ……………………3個
にんじん ……………………1/2本
玉ねぎ ……………………1個
牛薄切り肉 ……………………6枚

=450g

=75g

=90g

=200g

2. 廃棄率と正味重量

廃棄率って何?

調理工程で皮などの
食べられない部分を除いた際の
重量の割合のこと

普通の調理では、野菜の皮や種、魚の内臓や骨のような "食べない部分" は下処理でとり除きます。この重量が、食材全体の重量（目安量）に対してどんな割合かを示しているのが、廃棄率です。すべての食材の廃棄率は食品成分表に掲載されており、どこを廃棄するかも付記されています。たとえば大根の廃棄率は25%で、廃棄されるのは葉、根元、皮。廃棄率を知れば、レシピに忠実な料理が作れ、正確な栄養価計算に役立ちます。

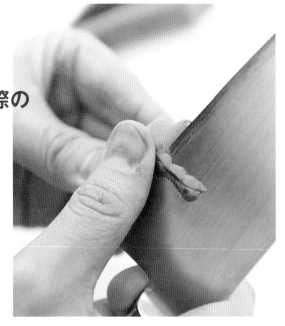

正味重量って何?

廃棄分を除いた食材の
重量のこと。可食部ともいう

正味重量（可食部）とは、廃棄分をとり除いたあとの "食べる部分" の重量です。大根の目安量は1本1200g、廃棄率25%なので食べる部分は残りの75%ですから、正味重量は900gとなります。正味重量がわかれば、食材を揃えるときに便利です。大根が500g必要であれば、500 ／ 0.75 ＝約660g買えばいいとわかります。ただし、目安量はあくまでも目安なので、それを元に計算した正味重量も目安と考えましょう。

野菜の廃棄率と正味重量

野菜の廃棄率は、面とり、湯むきのような特別な下処理の有無でも変わります。
食品成分表の廃棄率とともに参考にしましょう。

西洋かぼちゃ

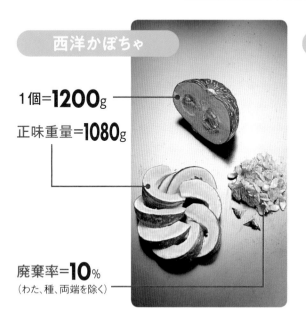

1個=**1200**g

正味重量=**1080**g

廃棄率=**10**%
（わた、種、両端を除く）

大根

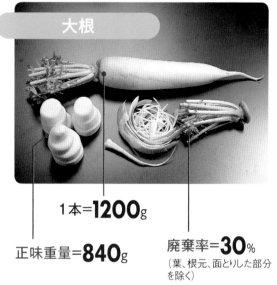

1本=**1200**g

正味重量=**840**g

廃棄率=**30**%
（葉、根元、面とりした部分
を除く）

トマト

1個=**150**g

正味重量=**143**g

廃棄率=**5**%
（湯むき・へた、皮を除く）

じゃが芋

1個=**150**g

正味重量=**135**g

廃棄率=**10**%
（包丁むき・皮を除く）

魚介の廃棄率と正味重量

魚介の廃棄率は、尾頭つきと切り身では大きく差があります。
まるごとのアジ、イカは廃棄率が高いので正味量を考えて用意することが大事です。

アジ

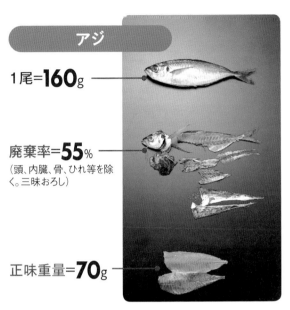

1尾=**160**g

廃棄率=**55**%
（頭、内臓、骨、ひれ等を除く。三枚おろし）

正味重量=**70**g

サケ（切り身）

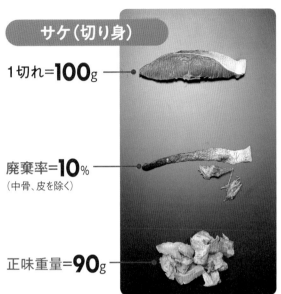

1切れ=**100**g

廃棄率=**10**%
（中骨、皮を除く）

正味重量=**90**g

スルメイカ

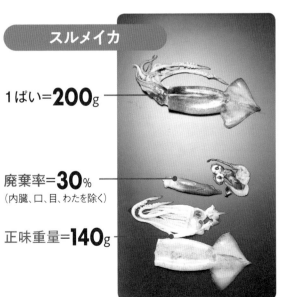

1ぱい=**200**g

廃棄率=**30**%
（内臓、口、目、わたを除く）

正味重量=**140**g

大正エビ（有頭・冷凍）

1尾=**60**g

廃棄率=**38**%
（殻、尾、背わたを除く）

正味重量=**35**g

野菜類 緑黄色野菜 & 淡色野菜

野菜の目安量と廃棄率は、栄養価計算や調理に役立ちます。
また、緑黄色野菜か淡色野菜かのマークを入れたので、
それを参考に、緑黄色野菜を毎日とり入れましょう。

食材の目安量・正味重量・廃棄率

枝豆 淡

生のものは、葉つきで売られていることも多いが、ここでは葉と枝を除いたもので計測。
冷凍のものは、さやごと塩ゆでしてから凍らせたものが主流。

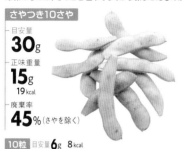

さやつき10さや
- 目安量 **30**g
- 正味重量 **15**g　19kcal
- 廃棄率 **45**%（さやを除く）

| 10粒 | 目安量 6g | 8kcal |

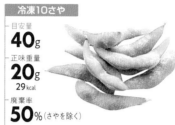

冷凍10さや
- 目安量 **40**g
- 正味重量 **20**g　29kcal
- 廃棄率 **50**%（さやを除く）

| 10粒 | 目安量 9g | 13kcal | 1カップ | 目安量 120g | 172kcal |

オクラ 緑

1パックには、8〜10本入っていることが多い。
ゆでたり、生で刻んだりして食べる。

1本
- 目安量 **12**g
- 正味重量 **10**g　3kcal
- 廃棄率 **15**%（へたを除く）

| 1パック | 目安量 100g | 正味重量 85g | 22kcal |

かぶ 淡

アブラナ科の野菜の一種。根が太り、大きな
球形になるのが特徴。サイズはさまざま。

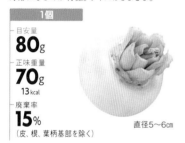

1個
- 目安量 **80**g
- 正味重量 **70**g　13kcal
- 廃棄率 **15**%
（皮、根、葉柄基部を除く）

直径5〜6cm

カリフラワー 淡

白くてこんもりとした花蕾と、太い茎が特徴。

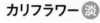
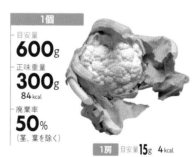

1個
- 目安量 **600**g
- 正味重量 **300**g　84kcal
- 廃棄率 **50**%
（茎、葉を除く）

| 1房 | 目安量 15g | 4kcal |

memo

カリフラワーの仲間

ロマネスコは、黄緑色で円錐形。味はブロッコリーに近い。オレンジブーケは、淡いオレンジ色で、ゆでるとそれが濃くなるのが特徴。バイオレットクイーンは、鮮やかな紫色をしているが、ゆでると緑色になる。

かぼちゃ 緑

まるごと1個を使う料理は少ないので、生のもの1/4個などの目安を覚えて。かたくて切りづらいが
冷凍のものは一口大に切ってあるので、調理の手間を省ける。

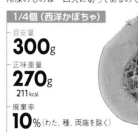
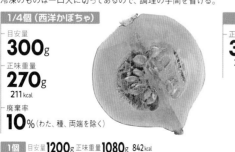

1/4個（西洋かぼちゃ）
- 目安量 **300**g
- 正味重量 **270**g　211kcal
- 廃棄率 **10**%（わた、種、両端を除く）

| 1個 | 目安量 1200g | 正味重量 1080g | 842kcal |

冷凍1切れ
- 正味重量 **30**g　23kcal

memo

かぼちゃの仲間

新種のかぼちゃは種類豊富で、色、形、大きさなどがさまざま。ひょうたんのような形のバターナッツや、手のひらサイズの坊ちゃんは、ねっとりと甘く栄養価の高さが特徴。北海道産の雪化粧は、その名の通り表面が雪のように白っぽい。

キャベツ 淡

アブラナ科の野菜。季節に合わせた品種が作られていて、一年中おいしく食べられる。

1枚
目安量 **95**g
正味重量 **80**g 17 kcal
廃棄率 **15**%（芯〈葉脈〉を除く）

| 1個 | 目安量 **1200**g 正味重量 **1020**g 214 kcal |

芽キャベツ 淡

キャベツの変種。太く伸びた茎に、びっしりと結球するのが特徴。

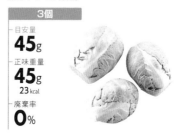

3個
目安量 **45**g
正味重量 **45**g 23 kcal
廃棄率 **0**%

memo

キャベツの種類

春キャベツは、葉がみずみずしくてやわらかい。また、巻きがゆるいので少し軽め。これに対して冬キャベツは、ずっしりとしていて、煮込み料理に向く。紫キャベツは、普通のキャベツよりも肉厚で、紫色が鮮やかな品種。

きゅうり 淡

水分が90％以上の夏野菜で、品種が豊富。市場に出回る主流は、100gくらいのもの。

1本
目安量 **100**g
正味重量 **98**g 13 kcal
廃棄率 **2**%（両端を除く）

空心菜（ようさい） 緑

中国野菜の一つ。β-カロテンや鉄分を豊富に含んでいる。

1束
目安量 **150**g
正味重量 **150**g 26 kcal
廃棄率 **0**%

グリーンアスパラガス 緑

太いタイプと細いタイプに分けられ、それによって目安量が変わるので要チェック。

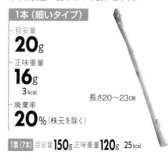

1本（細いタイプ）
目安量 **20**g
正味重量 **16**g 3 kcal
廃棄率 **20**%（株元を除く）

長さ20～23cm

| 1束(7本) | 目安量 **150**g 正味重量 **120**g 25 kcal |

白アスパラガス（缶詰め） 淡

頭まで土に埋めて日光に当てずに栽培することで、白くなる。

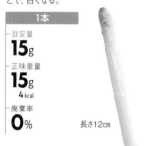

1本
目安量 **15**g
正味重量 **15**g 4 kcal
廃棄率 **0**%

長さ12cm

グリーンピース 淡

えんどうの未熟豆。豆ごはん、かき揚げなどによく使われる。冷凍のものは、料理のトッピングにもさっと使えて便利。

10粒（むき身）
目安量 **10**g
正味重量 **10**g 8 kcal
廃棄率 **0**%

| さや1個(6粒入り) | 目安量 **12**g 正味重量 **5**g 5 kcal 廃棄率 **55**%（さやを除く） |
| むき身1カップ | 目安量 **130**g 99 kcal |

冷凍大さじ1
目安量 **10**g 8 kcal

| 10粒 | 目安量 **3**g 2 kcal |

食材の目安量・正味重量・廃棄率

クレソン 緑

別名、オランダがらし、水がらし、ウォータークレス。辛味が独特。

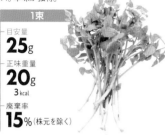

1束	
目安量	**25**g
正味重量	**20**g
	3 kcal
廃棄率	**15**%（株元を除く）

| 1茎 | 目安量 **5**g | 正味重量 **5**g | 1 kcal |

ごぼう 淡

食物繊維が豊富な根菜。かたい先端部分と皮をこそげとり、加熱調理する。

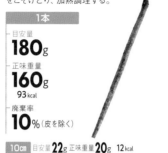

1本	
目安量	**180**g
正味重量	**160**g
	93 kcal
廃棄率	**10**%（皮を除く）

| 10cm | 目安量 **22**g | 正味重量 **20**g | 12 kcal |

小松菜 緑

根と株元を切り落とせば、あとはまるごと食べられる青菜。お浸しやいため物に。

1株	
目安量	**40**g
正味重量	**35**g
	5 kcal
廃棄率	**15**%（根、株元を除く）

| 1束 | 目安量 **300**g | 正味重量 **255**g | 33 kcal |

サニーレタス 緑

葉に縮みがあり、葉先は赤紫色なのが特徴。リーフレタスの一種。

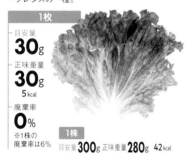

1枚	
目安量	**30**g
正味重量	**30**g
	5 kcal
廃棄率	**0**% ※1株の廃棄率は6%

| 1株 | 目安量 **300**g | 正味重量 **280**g | 42 kcal |

さやいんげん 緑

いんげん豆の若いさやのこと。1パックは150gくらいのものが主流。

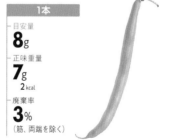

1本	
目安量	**8**g
正味重量	**7**g
	2 kcal
廃棄率	**3**%（筋、両端を除く）

さやえんどう 緑

青みとして料理の彩りには欠かせない。1パックは20枚くらい。

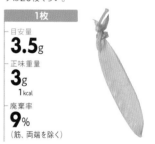

1枚	
目安量	**3.5**g
正味重量	**3**g
	1 kcal
廃棄率	**9**%（筋、両端を除く）

スナップえんどう 淡

さやがやわらかいため、筋と両端を除けばさやごと食べることができる。

1個	
目安量	**10**g
正味重量	**10**g
	5 kcal
廃棄率	**5**%（筋、両端を除く）

サラダ菜 緑

玉レタスの一種。結球がゆるく、表面に光沢がある。栄養価が高い。

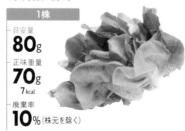

1株	
目安量	**80**g
正味重量	**70**g
	7 kcal
廃棄率	**10**%（株元を除く）

| 1枚 | 目安量 **8**g | 正味重量 **7**g | 1 kcal |

サンチュ 緑

リーフレタス「かきチシャ」の仲間で、包菜とも呼ぶ。主に焼き肉を巻いて食べる。

1枚	
目安量	**6**g
正味重量	**6**g
	1 kcal
廃棄率	**0**%

| 1パック10枚 | 目安量 **60**g | 8 kcal |

ししとうがらし 緑

とうがらしの一種だが、辛味はない。天ぷら、煮つけなどに。

1本

目安量
4g

正味重量
4g
1kcal

廃棄率
10%（へたを除く）

| 1パック | 目安量 **100g** | 正味重量 **90g** | 23kcal |

春菊 緑

なべ料理で定番の青菜。基部を切り落とし、ざく切りに。葉を摘み、生のままサラダにしてもよい。

1束

目安量
200g

正味重量
200g
40kcal

廃棄率
1%（基部を除く）

| 1茎 | 目安量 **15g** | 正味重量 **15g** | 3kcal |

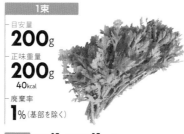

ズッキーニ 淡

ウリ科カボチャ属の野菜。主に加熱調理に使われるが、薄切りにして生のまま食べてもおいしい。

1本

目安量
170g

正味重量
160g
26kcal

廃棄率
4%
（両端を除く）

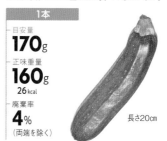

長さ20cm

セロリ 淡

オランダミツバとも呼ばれる、セリ科の野菜。茎や葉を、生食や加熱調理に使う。

1本

目安量
100g

正味重量
65g
8kcal

廃棄率
35%
（株元、葉身、表皮を除く）

memo

セロリの仲間

ホワイトセロリは、その名の通り白くて、サイズは小さめ。普通のセロリよりも香りがやさしく、繊維がやわらかいのが特徴。サラダにして食べるのがおすすめ。

そら豆 淡

さやから豆をとり出して調理する。可食部は、豆の薄皮をとり除いた状態をさす。

3粒

目安量
12g

正味重量
9g
9kcal

廃棄率
25%（種皮〈薄皮〉を除く）
80%（さや、種皮〈薄皮〉を除く）

タアサイ（ターツァイ）緑

中国野菜の一種で、旬は冬。光沢があって、全体が濃い緑色をしている。

1株

目安量
200g

正味重量
190g
23kcal

廃棄率
6%
（株元を除く）

大根 淡

アブラナ科の野菜で、多くの品種がある。一般的に出回っているのは、青首大根。

5cm（直径約7cm）

目安量
200g

正味重量
190g
29kcal

廃棄率
5%
（皮を除く）
※1本（葉なし）の
廃棄率は15%

| 1本 | 目安量 **1200g** | 正味重量 **1020g** | 150kcal |

おろし大根（1カップ、50%水切りしたもの）
目安量 **200g** 50kcal

memo

大根の仲間

普通の大根よりも小さく、辛味の強い大根を総称して辛味大根という。形はさまざまで、紫色のものもある。主に、おろして料理の薬味として添える。このほか、品種としては、京野菜である聖護院大根、鹿児島県産の桜島大根などが有名。

17

食材の目安量・正味重量・廃棄率

竹の子 淡

一般的な食用の竹の子は、孟宗竹の若芽のこと。生のものは調理前にゆでる手間がかかるので、それを省きたい場合などは水煮を使うのがラク。

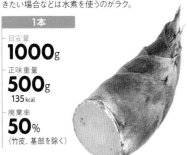

1本

目安量
1000g

正味重量
500g
135 kcal

廃棄率
50%
(竹皮、基部を除く)

水煮1個（中）

目安量
50g
11 kcal

チコリー 淡

ヨーロッパ原産。苦味が独特で、サラダなどに使われる。

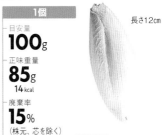

長さ12cm

1個

目安量
100g

正味重量
85g
14 kcal

廃棄率
15%
(株元、芯を除く)

1枚（外側） 目安量 **10g** 2 kcal

玉ねぎ 淡

球根の部分が食用にされる。生食や加熱調理など、多種多様な料理に使われる。

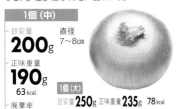

1個（中）

目安量
200g
直径 7〜8cm

正味重量
190g
63 kcal

廃棄率
6%
(皮、底盤部、頭部を除く)

1個（大）
目安量 **250g** 正味重量 **235g** 78 kcal
1個（小）
目安量 **120g** 正味重量 **110g** 36 kcal
みじん切り（大さじ1） 目安量 **10g** 3 kcal

プチオニオン 淡

ペコロスともいう。直径4cmくらいの、小粒の黄玉ねぎ。ポトフなどの煮込み料理に。

1個

目安量
20g

正味重量
19g
6 kcal

廃棄率
5%
(皮、底盤部、頭部を除く)

memo

玉ねぎの仲間

紫玉ねぎ（別名赤玉ねぎ）は、一般的な玉ねぎよりも辛味が少ない。白玉ねぎ（別名サラダ玉ねぎ）も辛味が少なく水分が多い。新玉ねぎは早生の玉ねぎで、サラダにぴったり。このほか、葉玉ねぎがある。

青梗菜（チンゲンサイ） 緑

アブラナ科の中国野菜。いため物のほか、スープ、煮込み料理にも。やわらかくて歯切れがよい。

1株

目安量
100g

正味重量
85g
8 kcal

廃棄率
15%
(芯を除く)

トウミョウ 緑

えんどう豆の若い苗。調理後、根のついたものは残った根元を水につけておくと、また苗が育つ。

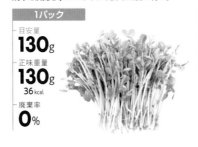

1パック

目安量
130g

正味重量
130g
36 kcal

廃棄率
0%

とうもろこし 淡

イネ科の一年生植物。日本で栽培されるものは、ほとんどがスイートコーン。旬は夏。

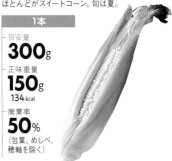

1本

目安量
300g

正味重量
150g
134 kcal

廃棄率
50%
(包葉、めしべ、穂軸を除く)

コーン（ホールタイプ）淡

ゆでたとうもろこし。缶詰めの場合、全体量と固形量を把握できていると調理に便利。冷凍のものは、いため物などにそのままパラパラ加えて調理できる。

大さじ1（水切りしたもの）
目安量
12g
9kcal

| 1カップ | 目安量**150**g 117kcal |
| 1缶 | 目安量**425**g（コーン265g）207kcal |

冷凍大さじ1
目安量
10g
9kcal

| 1カップ | 目安量**130**g 120kcal |

ヤングコーン 淡

熟す前のとうもろこしのこと。ベビーコーンともいう。

1個
目安量
10g

正味重量
10g
3kcal

廃棄率
0%

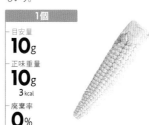

トマト 緑

生のものは、そのまま食べるほか、いため物や煮込み料理など、あらゆる料理に。缶詰めは、完熟トマトを加工したもの。煮込み料理に使われることが多い。

1個（中）
目安量
200g

直径7〜8cm

正味重量
195g
39kcal

廃棄率
3%
（へたを除く）

| 1個（大）直径8〜9cm | |
| 目安量**250**g 正味重量**245**g 49kcal |
| 1個（小）直径6〜7cm | |
| 目安量**150**g 正味重量**145**g 29kcal |

水煮缶詰め・食塩無添加1缶（ホールタイプ）
目安量
400g
84kcal

| 1カップ（ホールタイプ） | 目安量**200**g 42kcal |

トマト（ミニトマト）緑

料理やお弁当の彩りとして欠かせない存在。黄色や紫色など、カラーバリエーションが豊富。

1個（小）
目安量
10g

正味重量
10g
3kcal

廃棄率
2%
（へたを除く）

直径約2.5cm

| 1個（大）直径約3.5cm | 20g 6kcal |
| 目安量**20**g 正味重量 |
| 1個（中）直径約3cm | 15g 4kcal |
| 目安量**15**g 正味重量 |

memo

新種のトマトいろいろ

世界には、数千を超える品種があるという。そのうち、マイクロトマトは、世界最小のトマトで、甘味が濃い。イタリアントマトは、加熱すると甘味とうま味が増す、酸味のあるタイプ。グリーントマトは、完熟しても緑色で、さっぱりとした味。

トレビス 淡

紫キャベツのような見た目。サラダにしたり、料理のつけ合わせにしたりする。

1玉
目安量
120g

正味重量
95g
16kcal

廃棄率
20%

| 1枚 | 目安量**20**g 正味重量**15**g 3kcal |

菜の花 緑

春が旬の、栄養価が高い緑黄色野菜。ほろ苦い味が特徴。ゆでてお浸しなどに。

1茎
目安量
20g

正味重量
20g
7kcal

廃棄率
0%

| 1束 | 目安量**200**g 68kcal |

食材の目安量・正味重量・廃棄率

なすの仲間

重さが 30g 程度と小さい小なす、30cmほどの長さがあり細長い形をした長なす、ころんと丸みを帯びていてへたが緑色の米なすといった品種が一般的。他にも、皮が白いもの、緑のものなど、さまざま。

なす 淡

ナス科の植物で、実を食べる。形や色がさまざま。漬け物などで生食するほか、加熱調理にも。

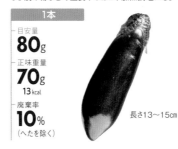

1本	
目安量	**80**g
正味重量	**70**g 13kcal
廃棄率	**10**% （へたを除く）

長さ13〜15cm

にがうり（ゴーヤー）淡

夏が旬の沖縄野菜で、料理はチャンプルーが有名。そのほか、塩でもむ、ゆでるなどの調理を。

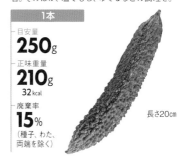

1本	
目安量	**250**g
正味重量	**210**g 32kcal
廃棄率	**15**% （種子、わた、両端を除く）

長さ20cm

にら 緑

スタミナ野菜。根元を切り落として、いため物や浸し物、あえ物に。

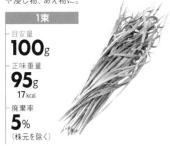

1束	
目安量	**100**g
正味重量	**95**g 17kcal
廃棄率	**5**% （株元を除く）

花にら 緑

中国野菜。細長い茎が特徴で、にらのつぼみがついている。油いためなどに。

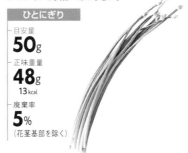

ひとにぎり	
目安量	**50**g
正味重量	**48**g 13kcal
廃棄率	**5**% （花茎基部を除く）

黄にら 淡

光を当てずに栽培されたにら。においはあまりしない。中国野菜の一種。

ひとにぎり	
目安量	**50**g
正味重量	**50**g 9kcal
廃棄率	**0**%

にんじん 緑

1本のサイズは、個体によってバラツキがある。西洋系の品種が主流。冷凍のものは切り方がさまざまなので、料理に応じて選びたい。

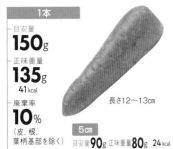

1本	
目安量	**150**g
正味重量	**135**g 41kcal
廃棄率	**10**% （皮、根、葉柄基部を除く）

長さ12〜13cm

5cm
目安量 **90**g 正味重量 **80**g 24kcal

冷凍1個	
目安量	**5**g 2kcal

直径3cm

大さじ1（6mm角）	目安量 **10**g 3kcal

ミニキャロット 緑

長さが7〜10cmの、小型の西洋系にんじん。別名フィンガーキャロット、ベビーキャロット。

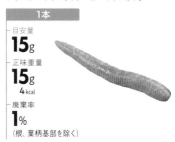

1本	
目安量	**15**g
正味重量	**15**g 4kcal
廃棄率	**1**% （根、葉柄基部を除く）

memo

にんじんの仲間

金時にんじんは、京にんじんとも呼ばれ、長さ30cm前後。赤色が鮮やかで、お正月用に多く出回る。島にんじん、別名琉球にんじんは、黄色くて細長く、長さは30～40cm。いずれも、東洋系にんじん。

白菜 淡

冬が旬。霜に当たると甘味が出る。大きさも、季節によって差が大きい。

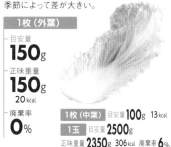

1枚（外葉）		
目安量 **150**g		
正味重量 **150**g 20kcal		
廃棄率 **0**%	1枚（中葉）目安量 **100**g 13kcal	
	1玉 目安量 **2500**g	
	正味重量 **2350**g 306kcal 廃棄率 **6**%	

パプリカ・赤（赤ピーマン）緑

緑ピーマンの完熟タイプ。熟することで、ビタミンCが大幅にアップ。

1個
目安量 **150**g
正味重量 **135**g 38kcal
廃棄率 **10**% （へた、種子、芯を除く）

パプリカ・黄（黄ピーマン）淡

皮はややかたいが、果肉は豊富な果汁を含んでいて肉厚。サラダやマリネ、煮込み料理に。

1個
目安量 **150**g
正味重量 **135**g 38kcal
廃棄率 **10**% （へた、種子、芯を除く）

ピーマン 緑

とうがらしの仲間で、辛味のない品種。一般的に出回っているものは、中型で果肉が薄め。

1個	
目安量 **30**g	
正味重量 **25**g 5kcal	
廃棄率 **15**% （へた、種子、芯を除く）	1個（大）目安量 **50**g 正味重量 **40**g 9kcal

ふき 淡

4月から6月が旬の、日本原産の山菜。ふきのつぼみが、ふきのとう。

1本
目安量 **80**g
正味重量 **50**g 6kcal
廃棄率 **40**% （葉、表皮、葉柄基部を除く）
20% （葉元、表皮、を除く）

ブロッコリー 緑

アブラナ科の緑黄色野菜で、キャベツの変種。小房と茎を食用とする。茎は皮をむいて。

1株	
目安量 **250**g	
正味重量 **160**g 59kcal	
廃棄率 **35**% （茎、葉を除く）	1房 目安量 **15**g 6kcal

ほうれん草 緑

生のものは、季節や産地によって重量が異なる。ゆでてお浸しにしたり、いためたりして食べる。冷凍のものは、下ゆでとカットがすんだ状態のもの。みそ汁などに加えてもよい。

1株	冷凍
目安量 **20**g	目安量 **50**g 14kcal
正味重量 **18**g 3kcal	
廃棄率 **10**% （株元を除く）	
1束（大、冬）目安量 **300**g 正味重量 **270**g 49kcal	
1束（小、夏）目安量 **200**g 正味重量 **180**g 32kcal	

食材の目安量・正味重量・廃棄率

水菜（京菜）緑

1袋の重量は店によって異なるので、1株の重量を
目安に。

1株
目安量 **50**g
正味重量 **40**g 9kcal
廃棄率 **15**%（株元を除く）

1袋（3株入り）
目安量 **150**g 正味重量 **130**g 30kcal

もやし（大豆もやし）淡

大豆の種子を発芽させて栽培したもの。スプラウ
トの一種。

1袋
目安量 **200**g
正味重量 **190**g 55kcal
廃棄率 **4**%（種皮、損傷部を除く）

もやし（ブラックマッペ）淡

黒豆の一種であるブラックマッペから作られて
いる。豆の甘味が感じられるもやし。

1袋
目安量 **200**g
正味重量 **200**g 34kcal
廃棄率 **0**%

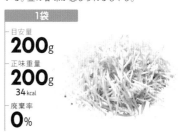

モロヘイヤ 緑

β-カロテン、カルシウムが豊富で、野菜の王様と
いわれる。刻んだりゆでたりすると粘りが出る。

1束
目安量 **100**g
正味重量 **100**g 36kcal
廃棄率 **0**%

1茎
目安量 **8**g 3kcal

ラディッシュ 淡

二十日大根ともいう、大根の仲間。ピクルス
や、料理の彩りに。

1個
目安量 **10**g
正味重量 **8**g 1kcal
廃棄率 **25**%（根端、葉及び葉柄基部を除く）

リーフレタス 緑

葉に縮みがあり、結球しない。一般的なレタス
と違い、緑黄色野菜に分類される。

1枚（大）
目安量 **40**g
正味重量 **40**g 6kcal
廃棄率 **0**%

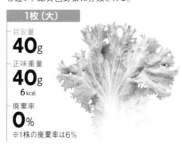

※1株の廃棄率は6%

ルッコラ 緑

別名ロケットサラダ。ごまのような風味があり、イ
タリア料理によく使われる。

1束
目安量 **50**g
正味重量 **49**g 8kcal
廃棄率 **2**%（株元を除く）

1茎
目安量 **10**g 正味重量 **10**g 2kcal

レタス 淡

サラダ料理の主役。レタスのうち、キャベツ状に
結球するものを玉レタスと呼ぶ。

1枚（外葉）
目安量 **40**g
正味重量 **40**g 4kcal
廃棄率 **0**%

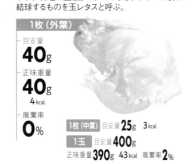

1枚（中葉）	目安量 **25**g 3kcal
1玉	目安量 **400**g
	正味重量 **390**g 43kcal 廃棄率 **2**%

れんこん（はす）淡

はすの地下茎の、肥大した部分を食用とする。晩
秋から冬にかけてが旬。

1節
目安量 **200**g
正味重量 **160**g 106kcal
廃棄率 **20**%（節部、皮を除く）

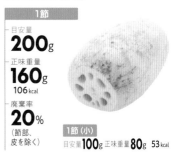

1節（小）
目安量 **100**g 正味重量 **80**g 53kcal

香味野菜 緑黄色野菜 & 淡色野菜

レシピ上では目安量で表記されますが、
にんにくやしょうがのように大きさがさまざまなものは
重量を押さえておくと便利です。

青とうがらし 緑

赤くなる前に収穫したとうがらしのこと。品種
によって、辛いものと辛くないものがある。

3本

目安量
24g

正味重量
20g
14kcal

廃棄率
9%
（へたを除く）

長さ9〜10cm

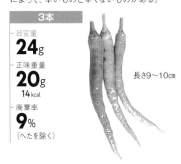

エシャロット 淡

らっきょうを、やわらかくなるように栽培したも
の。りん茎の部分を食べる。

3個

目安量
45g

正味重量
30g
18kcal

廃棄率
40%
（株元、緑葉部を除く）

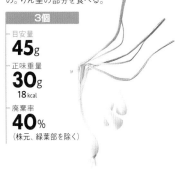

かいわれ大根 緑

大根の発芽直後の新芽を食用とするスプラウ
ト。ピリッとした辛味が特徴。

1パック（小）

目安量
50g

正味重量
50g
11kcal

廃棄率
0%
（根元側を
1cm除いたもの）

1パック（大）		
目安量 **80g**	正味重量 **80g**	17kcal

しそ（青じそ）緑

別名、大葉。和食を引き立てる存在なので、刺身
のつまや天ぷらなどに。

10枚

目安量
7g

正味重量
7g
2kcal

廃棄率
0%

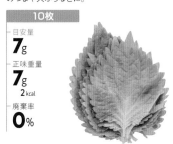

しょうが 淡

すりおろし、みじん切り、せん切りにして、薬味
として使われる。

1かけ

目安量
20g

正味重量
15g
4kcal

廃棄率
20%
（皮を除く）

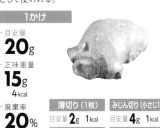

薄切り（1枚）		みじん切り（小さじ1）	
目安量 **2g**	1kcal	目安量 **4g**	1kcal

すりおろし（小さじ1）		おろし汁（小さじ1）	
目安量 **6g**	3kcal	目安量 **5g**	1kcal

谷中しょうが 淡

若どりしたしょうがである、葉しょうがの一種。
根元がほんのり赤い。

1本

目安量
15g

正味重量
9g
エネルギー微量

廃棄率
40%
（葉、茎を除く）

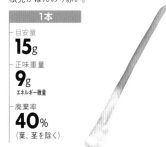

にんにく 淡

球根を香味野菜として用いることが多い。つぶ
す、刻む以外に、まるごとローストにしたりも。

1かけ

目安量
6g

正味重量
5g
6kcal

廃棄率
9%
（りん皮、茎、
根盤部を除く）

1玉		
目安量 **50g**	正味重量 **45g**	58kcal

みじん切り（小さじ1）		
目安量 **4g**	5kcal	

すりおろし（小さじ1）		
目安量 **6g**	8kcal	

memo

スプラウトって？

植物の新芽のことで、かいわ
れ大根が代表的。そのほか、
ブロッコリースプラウトは強
力な抗酸化作用を持つ。深
紫色のレッドキャベツスプラ
ウトは、ほんのりと甘味があ
り、くせがない。

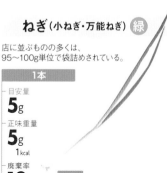

食材の目安量・正味重量・廃棄率

ねぎ（小ねぎ・万能ねぎ）緑

店に並ぶものの多くは、95～100g単位で袋詰めされている。

1本

目安量 **5**g
正味重量 **5**g 1kcal
廃棄率 **10**%（株元を除く）

1束 目安量 **100**g 正味重量 **90**g 23kcal
みじん切り（小さじ1） 目安量 **2**g 1kcal

ねぎ（根深ねぎ）淡

別名、長ねぎ。白い部分を刻んで生で食べるほか、いため物や煮物にも。

1本

目安量 **165**g
正味重量 **100**g 35kcal　直径1.3cm
廃棄率 **40**%（株元、緑葉部を除く）

10cm 目安量 **10**g 4kcal
みじん切り（大さじ1） 目安量 **8**g 3kcal

ねぎ（葉ねぎ・九条ねぎ）緑

日光を浴びて青々と育った葉の部分が多いので、栄養価が高い。

1本

目安量 **25**g
正味重量 **23**g 7kcal
廃棄率 **7**%（株元を除く）

1束 目安量 **150**g 正味重量 **140**g 41kcal

memo

ねぎの仲間

葉ねぎが芽吹いた直後に収穫した、長さ5～15cmのものを芽ねぎという。細くてやわらかい。香りがいいので、吸い物や寿司の具にされることが多い。

バジル 緑

一般的には、スイートバジルのことをいう。ピザやパスタをはじめとするイタリア料理で多用。

1枝

目安量 **5**g
正味重量 **4**g 1kcal
廃棄率 **20**%（茎、穂を除く）

葉1枚 目安量 **1**g エネルギー微量

パセリ 緑

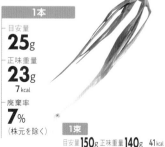

特有の香りと味を持つ。料理の飾りにされることも多いが、栄養豊富な緑黄色野菜。

1枝

目安量 **15**g
正味重量 **14**g 5kcal
廃棄率 **10**%（茎を除く）

1房 目安量 **1**g エネルギー微量
みじん切り（小さじ1） 目安量 **1**g エネルギー微量

三つ葉（糸三つ葉）緑

強い香りが特徴。一般的に出回っている三つ葉といえばこれのこと。

1袋

目安量 **60**g
正味重量 **55**g 7kcal
廃棄率 **8**%（株元を除く）

3本 目安量 **5**g 正味重量 **5**g 1kcal
スポンジ1個分 目安量 **18**g 正味重量 **17**g 2kcal

三つ葉（根三つ葉）緑

根がついている三つ葉で、食感がいい。お浸しなど、その料理のメイン食材として使われる。

1束

目安量 **200**g
正味重量 **130**g 25kcal
廃棄率 **35**%（根、株元を除く）

1株 目安量 **20**g 正味重量 **13**g 2kcal

みょうが 淡

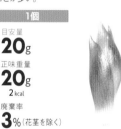

独特の香りと食感が特徴。刻んで薬味として使うことが多い。

1個

目安量 **20**g
正味重量 **20**g 2kcal
廃棄率 **3**%（花茎を除く）

きのこ類

食用のきのこは、しいたけをはじめとして品種が豊富。食物繊維、ビタミンB群、ビタミンDなどを多く含み、低カロリーのヘルシー食材です。

えのきたけ

柄がひょろっと長く、白いもやし状。うま味と独特の食感が楽しめる。

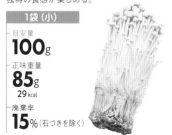

1袋(小)
- 目安量 **100**g
- 正味重量 **85**g 29kcal
- 廃棄率 **15**%（石づきを除く）

1袋(大) 目安量 **200**g 正味重量 **170**g 58kcal

エリンギ

ヒラタケ科のきのこ。歯ごたえがよく、ソテーやフライにおすすめ。

1本
- 目安量 **40**g
- 正味重量 **38**g 12kcal
- 廃棄率 **6**%（石づきを除く）

しいたけ（生しいたけ）

グアニル酸を多く含み、うま味がたっぷり。網焼き、なべ料理、スープ、いため物に。

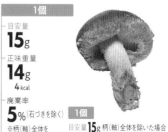

1個
- 目安量 **15**g
- 正味重量 **14**g 4kcal
- 廃棄率 **5**%（石づきを除く）
※柄(軸)全体を除いた廃棄率は20%

1個 目安量 **15**g 柄(軸)全体を除いた場合 正味重量 **12**g 3kcal

しめじ（ぶなしめじ）

歯切れがよく、風味にも味にもクセがない。どんな料理にも合う万能食材。

1パック
- 目安量 **100**g
- 正味重量 **90**g 20kcal
- 廃棄率 **10**%（石づきを除く）

5本 目安量 **15**g 石づきを除いた場合 正味重量 **14**g 3kcal

なめこ

表面にぬめりがあり、つるつるしたのど越しが楽しめる。

1袋
- 目安量 **100**g 14kcal

5粒 目安量 **8**g 1kcal

まいたけ

独特のうま味と香り、歯切れのよさが特徴。いため物、なべ料理、天ぷらに。

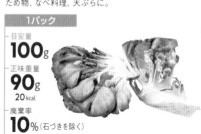

1パック
- 目安量 **100**g
- 正味重量 **90**g 20kcal
- 廃棄率 **10**%（石づきを除く）

1房 目安量 **15**g 正味重量 **14**g 3kcal

マッシュルーム

ヨーロッパで常食されるきのこ。グラタンやオムレツなどに。

1個
- 目安量 **8**g
- 正味重量 **8**g 1kcal
- 廃棄率 **5**%（石づきを除く）

マッシュルーム（水煮缶詰め）

マッシュルームをスライスして煮たもの。サラダなどに手軽に使える。

5切れ
- 目安量 **10**g 2kcal

松たけ

人工栽培ができないため、希少なきのこ。香りが特徴的。

1本
- 目安量 **50**g
- 正味重量 **49**g 16kcal
- 廃棄率 **3**%（石づきを除く）

芋類

秋が旬の食材。料理では、
ゆでたり、つぶしたりして使うことも多いので、
目安量を知っておくと便利です。

食材の目安量・正味重量・廃棄率

さつま芋

炭水化物がメインで、ビタミンCと食物繊維も豊富。60℃の低温調理で甘味が増す。

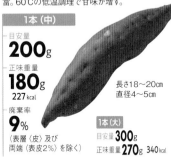

1本（中）
- 目安量 **200g**
- 正味重量 **180g** 227kcal
- 廃棄率 **9%**
（表層〈皮〉及び両端〈表皮2%〉を除く）

長さ18〜20cm
直径4〜5cm

1本（大）
目安量 **300g**
正味重量 **270g** 340kcal

里芋

独特のぬめりは「ガラクタン」という食物繊維で、低カロリーなのが特徴。

1個
- 目安量 **50g**
- 正味重量 **45g** 24kcal
- 廃棄率 **15%**
（表層〈皮〉を除く）

memo
里芋の仲間

小芋は、皮つきのままゆでてから皮をむいて食べるのがおいしい。石川早生の品種群。海老芋は、京料理に使われる大きめの里芋。葉柄が、ずいきとして食される。

じゃが芋

皮をむいたあとの重量を覚えておくと便利。じゃが芋のビタミンCは、熱に強い。

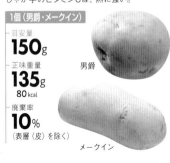

1個（男爵・メークイン）
- 目安量 **150g**
- 正味重量 **135g** 80kcal
- 廃棄率 **10%**
（表層〈皮〉を除く）

男爵

メークイン

新じゃが

春に収穫されてすぐ市場に出回るじゃが芋のこと。皮の薄さが特徴。

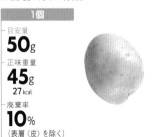

1個
- 目安量 **50g**
- 正味重量 **45g** 27kcal
- 廃棄率 **10%**
（表層〈皮〉を除く）

memo
じゃが芋の銘柄

丸くてゴツゴツしている男爵は、じゃがバターやコロッケなどにすることで、ホクホクの食感を楽しめる。楕円形で表面がなめらかなメークインは、煮くずれしにくいので、カレーやシチューなどにぴったり。

長芋

粘りが弱く水っぽいので、すりおろすよりもせん切りにするのに向いている。

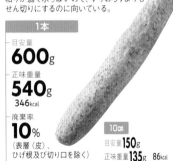

1本
- 目安量 **600g**
- 正味重量 **540g** 346kcal
- 廃棄率 **10%**
（表層〈皮〉、ひげ根及び切り口を除く）

10cm
目安量 **150g**
正味重量 **135g** 86kcal

memo
長芋の仲間

長芋は、自然薯、大薯と並ぶ、山芋の種類の1つ。これらはどれも、晩秋〜冬が旬。山芋にはでんぷん分解酵素のアミラーゼが含まれているので消化がよく、生で食べられる。

海藻類

収穫されたときの形のままのもの、
板状や粉状に加工されたものなどさまざまで、
かんてんはスイーツ作りにも使えます。

青のり

特定の海藻を粉状にしたもの。鮮やかな色と
香りのよさが特徴の高級品。

小さじ1

目安量
1g
2kcal

大さじ1 目安量 **1.2**g 2kcal

かんてん（棒かんてん・角かんてん）

テングサなどの海藻を乾燥させたもの。スイー
ツやサラダなどに。

1本

目安量
7g
11kcal

かんてん（粉かんてん）

粉状にしたかんてん。溶かしやすいので、手軽
に使える。

小さじ1

目安量
2g
3kcal

こんぶ

だし汁、煮物やおでんといった用途によって、味や
種類の異なるものを使う。

1枚（10cm四方）

目安量
10g
17kcal

1枚（5cm四方） 目安量 **2.5**g 4kcal

白板こんぶ

サバ寿司などによく使われている。白板こんぶ
を薄く削ったものが、とろろこんぶ。

5枚（10×7cm）

目安量
10g
18kcal

のり（焼きのり）

のりを干して、あぶったもの。全型とは、21×
19cmのサイズ。

1枚（全型）

目安量
3g
9kcal

もずく

生のもずくなら、計量カップで計るのが一番おす
すめ。

1パック

目安量
80g
3kcal

わかめ（生わかめ）

塩蔵わかめを水につけてもどしたもの。

塩蔵ひとつかみ ➡ **もどすと**

目安量
30g
4kcal

目安量
40g
5kcal

---

memo

この他の海藻類

茎わかめは、その名の通りわ
かめの茎の部分。コリコリと
した食感がある。つのまたは、
枝分かれしている見た目が特
徴的。赤いものと青いものが
あり、刺し身のつまとしても
よく用いられている。

乾物

野菜、きのこ、海藻などを干した乾物は、
長期保存がきき、うま味がたっぷりつまっています。
もどしすぎないように、目安量を把握しておきましょう。

切り干し大根 淡

大根を細く切り、干したもの。煮物に使われること
が多い。

乾燥	→	ゆでると
目安量 **10**g		目安量 **56**g
30kcal		7kcal

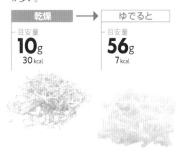

かんぴょう 淡

原料はユウガオの果肉。煮物、あえ物、また、いな
り寿司などの帯としてもよく使われる。

乾燥／1本(40㎝)	→	ゆでると
目安量 **4**g		目安量 **20**g
10kcal		4kcal

しいたけ (干ししいたけ[香信])

香信は、しいたけの成長過程における傘の開き
具合3段階のうち、真ん中の状態のもの。

乾燥／1個	→	ゆでると
目安量 **2**g		目安量 **10**g (傘のみ)
正味重量 **2**g		4kcal
5kcal		廃棄率 **0**%
廃棄率 **20**% (柄〈軸〉を除く)		

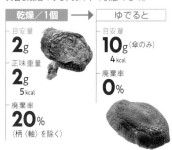

しいたけ (干ししいたけ[冬菇])

冬菇は、しいたけの傘が開きはじめた頃の状態
で、肉厚なのが特徴。

乾燥／1個	→	ゆでると
目安量 **4**g		目安量 **18**g (傘のみ)
正味重量 **3**g		7kcal
8kcal		廃棄率 **0**%
廃棄率 **20**% (柄〈軸〉を除く)		

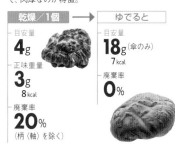

ひじき (芽ひじき・ステンレス釜)

鉄分が多く含まれているので、日頃から摂取する
のがおすすめ。

乾燥	→	ゆでると
目安量 **5**g		目安量 **50**g
9kcal		6kcal

わかめ (カットわかめ)

乾燥状態ともどした状態の重量を押さえておく
と、もどしすぎを防げる。

乾燥	→	もどすと
目安量 **2**g		目安量 **24**g
4kcal		4kcal

あらげきくらげ

市場に出回っているきくらげの多くが、この種類。
片面に白い繊毛がある。

乾燥／1個	→	ゆでると
目安量 **5**g		目安量 **25**g
9kcal		10kcal
廃棄率 **0**%		廃棄率 **0**%

きくらげ

全体が黒っぽく、食感はコリコリしている。中華
料理に使われることが多い。

乾燥／5個	→	ゆでると
目安量 **2**g		目安量 **20**g
4kcal		3kcal
廃棄率 **0**%		廃棄率 **0**%

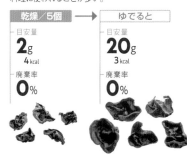

凍り豆腐 (高野豆腐)

豆腐を凍結乾燥させたもの。水でもどしてから調
理する。

乾燥／1個	→	水煮すると
目安量 **17**g		目安量 **75**g
84kcal		78kcal
廃棄率 **0**%		廃棄率 **0**%

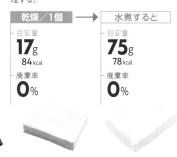

種実類

そのまま食べるのはもちろん、料理やお菓子作りに幅広く使えます。殻をむく必要のあるものは特に、目安量がわかっていると便利です。

アーモンド（乾）

バラ科の果樹の種。お菓子や料理などにもよく使われる。

5粒

目安量
6g

正味重量
6g
37kcal

廃棄率
0%

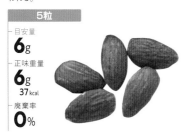

カシューナッツ（フライ）

カシューという木の実の、かたい皮をむいたもの。いため物などに。

5粒

目安量
8g

正味重量
8g
47kcal

廃棄率
0%

ぎんなん

いちょうの木の実。殻ごと悼いて中身を食べたり薄皮を除いたものを茶わん蒸しに使ったりする。

1個

目安量
4g

正味重量
3g
5kcal

廃棄率
25%
（殻、薄皮を除く）

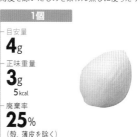

栗

ブナ科の木の実で、いがからとり出した状態のもの。栗ごはん、スイーツなどに。

1個

目安量
20g

正味重量
14g
21kcal

廃棄率
30%
（殻〈鬼皮〉、渋皮を除く）

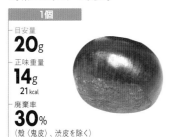

栗（甘栗）

小石といっしょに加熱していき、光沢をつけるために、水あめなどで加工されたもの。

1個

目安量
6g

正味重量
5g
10kcal

廃棄率
20%
（殻〈鬼皮〉、渋皮を除く）

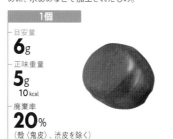

くるみ（いり）

くるみの果実の種。ローストしたもののほか、生のものもある。

1粒

目安量
6g

正味重量
6g
43kcal

廃棄率
0%
55%（殻、薄皮を除く場合）

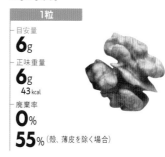

松の実（いり）

松ぼっくりの中にある種。いため物、揚げ物、サラダなどに。

大さじ1

目安量
9g

正味重量
9g
60kcal

廃棄率
0%

小さじ1 目安量 **3**g 20kcal

ピーナッツ（いり）

落花生の実のこと。お菓子の具材にするほか、みそといっしょにいためたりも。

10粒

目安量
10g

正味重量
10g
61kcal

廃棄率
0%
30%（殻、薄皮を除く場合）

memo

その他の種実類

ごまは、ごまの花が咲いたあとになる実の中にびっしり詰まっている種子の部分。ピスタチオは、ぎんなんのような殻の中に緑色の実が入っている。アイスクリームなど、スイーツにもよく使われる。

野菜・芋加工品

野菜の漬物は1食の目安量を、
こんにゃく芋から作られるこんにゃくは売られている
単位の目安量を、それぞれ把握しましょう。

梅干し

青梅の実を塩漬けにしたもの。一般的に、赤じそで色をつける。

1個
目安量 **20**g
正味重量 **15**g **4**kcal
廃棄率 **25**% （核〈種〉を除く）

オリーブ（スタッフド）

グリーンオリーブの実から種をとり除き、中にパプリカなどを詰めたもの。

2個
目安量 **10**g **14**kcal

キムチ

白菜、にんじん、大根といった野菜を、とうがらしなどに漬け込んだもの。

1食分
目安量 **40**g **11**kcal

ザーサイ

中国の漬物。大心菜（ダイシンサイ）という野菜の、茎にできるこぶ状の部分を使う。

1食分
目安量 **10**g **2**kcal

しば漬け

なすを薄切りにして、赤じそといっしょに塩漬けにしたもの。

1食分
目安量 **20**g **5**kcal

しょうが甘酢漬け

酢に砂糖やみりんなどを混ぜて甘味をつけたものに、しょうがを漬けている。

1食分
目安量 **10**g **5**kcal

高菜漬け

高菜自体は、葉に辛味のあるアブラナ科の野菜。これを塩漬けにする。

1食分
目安量 **40**g **12**kcal

たくあん漬け

大根を、干すか塩押しして水分を抜いてから、ぬかに漬けたもの。

1食分
目安量 **10**g **4**kcal

奈良漬け

きゅうり、しろうりなどの野菜を、塩漬けにしてから酒粕に漬け込み、べっこう色に仕上げる。

1食分
目安量 **40**g **86**kcal

ぬかみそ漬け（かぶ）

米ぬか、塩、水を混ぜて発酵させたぬかみそに、かぶを漬けたもの。

| 1食分 |
| 目安量 |
| **20**g |
| 6 kcal |

ぬかみそ漬け（きゅうり）

きゅうりが米ぬかの栄養を吸収して、生のときよりも栄養価がアップする。

| 1食分 |
| 目安量 |
| **30**g |
| 8 kcal |

野沢菜塩漬け

野沢菜は、長野県で生産される品種。野沢菜の漬物も、長野県の名産品。

| 1食分 |
| 目安量 |
| **40**g |
| 7 kcal |

ピクルス（スイート型）

香辛料などを加えた酢で漬けたきゅうり。スイート型は、砂糖が多めに使われているタイプ。

| 1/2個 |
| 目安量 |
| **10**g |
| 7 kcal |

福神漬け

大根、なすといった7種類の野菜を刻んで、しょうゆ、みりんなどの調味液に漬ける。

| 1食分 |
| 目安量 |
| **10**g |
| 14 kcal |

らっきょう漬け

らっきょうは、にんにくなどと同じユリ科で、特有のにおいがある。酢漬けなどに多用される。

| 2個 |
| 目安量 |
| **10**g |
| 12 kcal |

わさび漬け

わさびの茎、根を使う。酒粕と調味料を混ぜたものに、刻んだわさびを漬ける。

| 1食分 |
| 目安量 |
| **10**g |
| 14 kcal |

こんにゃく

こんにゃく芋を細かくしてゆで、石灰液を加えて固めた食品。

| 1枚（大） |
| 目安量 |
| **250**g |
| 13 kcal |

| 1枚（小） 目安量 **150**g 8 kcal |

しらたき（糸こんにゃく）

固まる前のこんにゃくを糸状に押し出して、凝固させたもの。

| 1玉 |
| 目安量 |
| **200**g |
| 14 kcal |

くだもの

国産種か外国産種かによる違いや、
さまざまな種類がある柑橘類など、
一見似ているくだものの違いを把握しておくと便利です。

アボカド

中南米が原産の木になる果実。脂質を多く含むため、森のバターといわれる。

1個
- 目安量 **200g**
- 正味重量 **140g** 249kcal
- 廃棄率 **30%**（果皮、種子を除く）

いちご

1粒の単位で食べるので、重量を覚えて食べすぎを防止して。

1個
- 目安量 **15g**
- 正味重量 **15g** 5kcal
- 廃棄率 **2%**（へたを除く）

1パック 目安量 **300g** 正味重量 **295g** 91kcal

いちじく

そのまま食べるほか、ジャムやスイーツに使われることも多い。

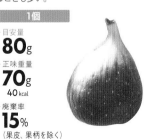

1個
- 目安量 **80g**
- 正味重量 **70g** 40kcal
- 廃棄率 **15%**（果皮、果柄を除く）

いよかん

比較的簡単に皮を手でむくことのできる、大きめのみかん。味も香りもいい。

1個
- 目安量 **200g**
- 正味重量 **120g** 60kcal
- 廃棄率 **40%**（果皮、じょうのう膜〈薄皮〉、種子を除く）

オレンジ（バレンシアオレンジ）

オレンジといえば、アメリカ原産のこの品種が一般的。皮もスイーツに使われる。

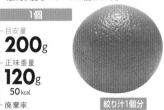

1個
- 目安量 **200g**
- 正味重量 **120g** 50kcal
- 廃棄率 **40%**（果皮、じょうのう膜〈薄皮〉、種子を除く）

絞り汁1個分 目安量 **80g** 34kcal
ストレートジュース 目安量 **100g** 45kcal

はっさく

ずっしりとした、みかんの仲間。皮が厚く、実はかためで独特な食感がある。

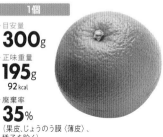

1個
- 目安量 **300g**
- 正味重量 **195g** 92kcal
- 廃棄率 **35%**（果皮、じょうのう膜〈薄皮〉、種子を除く）

みかん（温州みかん）

温州みかんは、日本が原産といわれている。皮をむくのが簡単で、食べやすい。

1個（薄皮つき）
- 目安量 **100g**
- 正味重量 **80g** 39kcal
- 廃棄率 **20%**（果皮を除く）

1個（薄皮なし）
- 目安量 **100g**
- 正味重量 **75g** 37kcal
- 廃棄率 **25%**（果皮、じょうのう膜〈薄皮〉）

グレープフルーツ

柑橘系のくだもの。大きめだが皮が厚いので、廃棄率を把握して。

1個
- 目安量 **300g**
- 正味重量 **210g** 84kcal
- 廃棄率 **30%**（果皮、じょうのう膜〈薄皮〉、種子を除く）

絞り汁1個分 目安量 **120g** 48kcal
ストレートジュース 目安量 **100g** 44kcal

柿

好みの熟し具合でそのまま食べるのはもちろん、白あえなどのあえ物にも。

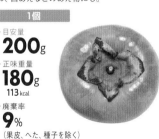

1個
- 目安量 **200g**
- 正味重量 **180g** 113kcal
- 廃棄率 **9%**（果皮、へた、種子を除く）

キウイフルーツ

市場には、ニュージーランドからの輸入品がよく出回っている。

1個

目安量
80g

正味重量
70g
36 kcal

廃棄率
15%
（果皮、両端を除く）

さくらんぼ

同じ1粒でも、アメリカ産のほうが大きめなので、目安量も変わってくる。

（アメリカ産）1粒

目安量
10g

正味重量
9g
6 kcal

廃棄率
9%
（種子、果柄を除く）

（国産）1粒

目安量
7g

正味重量
6g
4 kcal

廃棄率
10%
（種子、果柄を除く）

すいか

カットされた状態で売られていることも多いので、その目安量がわかっていると便利。

1/8玉

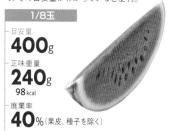

目安量
400g

正味重量
240g
98 kcal

廃棄率
40%（果皮、種子を除く）

1玉 目安量 **3000**g 正味重量 **1800**g 738 kcal

すもも

日本すももは、そのまま食べるのが一般的。甘酸っぱさと、果汁の多さが特徴。

1個

目安量
70g

正味重量
65g
30 kcal

廃棄率
7%
（核〈種〉を除く）

梨（西洋梨）

ラ・フランスともいう。香りがよく、ジューシーで、とろけるような食感。

1個

目安量
200g

正味重量
170g
82 kcal

廃棄率
15%
（果皮、果しん部を除く）

梨（日本梨）

幸水、二十世紀、豊水などの品種が有名。シャリシャリ、ザラザラした食感が特徴。

1個

目安量
300g

正味重量
255g
97 kcal

廃棄率
15%
（果皮、果しん部を除く）

パイナップル

目安量がわかっていると、1玉を買って切り分ける際に役立つ。

1/8玉

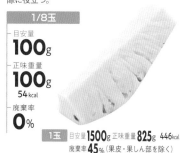

目安量
100g

正味重量
100g
54 kcal

廃棄率
0%

1玉 目安量 **1500**g 正味重量 **825**g 446 kcal
廃棄率 **45**%（果皮・果しん部を除く）

バナナ

個体によって、長さがさまざま。一般的な長さの場合の目安量を基準に。

1本

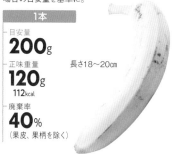

目安量
200g

正味重量
120g
112 kcal

長さ18〜20cm

廃棄率
40%
（果皮、果柄を除く）

パパイア

国内生産もされているが、流通している多くが輸入品。青いうちにサラダにすることも。

1玉

目安量
400g

正味重量
260g
86 kcal

廃棄率
35%
（果皮、種子を除く）

食材の目安量・正味重量・廃棄率

びわ

ころんとした実の中に大きめの種がいくつかあるので、廃棄率はやや高め。

1個

目安量
50g

正味重量
35g
14 kcal

廃棄率
30%
（果皮、種子を除く）

ぶどう

粒が小さめのデラウェア、大きめの巨峰それぞれの目安量を押さえておくとよい。

1房（デラウェア）

目安量
100g

正味重量
85g
49 kcal

廃棄率
15%
（果皮、種子を除く）
※大粒種の
廃棄率は20%

1粒（大・巨峰）
目安量 **20**g 正味重量 **16**g 9 kcal

1粒（中・甲斐路）
目安量 **15**g 正味重量 **13**g 8 kcal

1粒（小・デラウェア）
目安量 **2**g 正味重量 **1.7**g 1 kcal

ブルーベリー

とても甘く、ヨーグルトなどによく合う。冷凍しておくのもおすすめ。

10粒

目安量
10g

正味重量
10g
5 kcal

廃棄率
0%

マンゴー

皮が赤いアップルマンゴー、ペリカンのくちばしのような色と形のペリカンマンゴーなどがある。

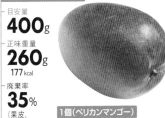

1個（アップルマンゴー）

目安量
400g

正味重量
260g
177 kcal

廃棄率
35%
（果皮、
種子を除く）

1個（ペリカンマンゴー）
目安量 **200**g 正味重量 **130**g 88 kcal

メロン

アールスメロンは、表面の網目と強い香りが特徴。一般的にはマスクメロンと呼ばれる。

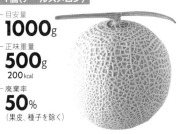

1個（アールスメロン）

目安量
1000g

正味重量
500g
200 kcal

廃棄率
50%
（果皮、種子を除く）

桃

皮がピンクで果肉が白っぽい白桃と、皮も果肉も黄色い黄桃がある。

1個

目安量
250g

正味重量
215g
82 kcal

廃棄率
15%
（果皮、
核〈種〉を除く）

りんご（皮むき）

お菓子作りや、デザートに。1人分の目安量を把握して。

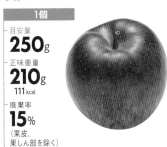

1個

目安量
250g

正味重量
210g
111 kcal

廃棄率
15%
（果皮、
果しん部を除く）

ゆず

香りのよさが特徴。皮だけでもよく使うので、果汁とともに目安量を知っておきたい。

1個

目安量
100g

果皮1個分
目安量 **40**g 正味重量 **40**g 20 kcal

果汁1個分
目安量 **25**g 正味重量 **25**g 8 kcal

レモン

果汁を、サラダやお菓子作りに使う。搾り汁の目安量を把握して。

1個

目安量
100g

正味重量
95g
41 kcal

廃棄率
3%（種子、へたを除く）

搾り汁1個分 目安量 **30**g 7 kcal

ドライフルーツ

そのまま食べる場合はもちろん、ケーキやパン作りに使う際は特に、目安量がわかっていると便利です。

あんず

種がとり除いてあるので、まるごと食べられる。あんずは、アプリコットともいう。

1個（種なし）
- 目安量 **8**g
- 正味重量 **8**g 24kcal
- 廃棄率 **0**%

いちご

紅茶や炭酸水に加えてもよく、幅広い使い方ができるのが特徴。

5個
- 目安量 **20**g
- 正味重量 **20**g 66kcal
- 廃棄率 **0**%

いちじく

粒の小さいもの、大きいもの、黒いものなど、さまざまな品種のものがある。

1個
- 目安量 **25**g
- 正味重量 **25**g 68kcal
- 廃棄率 **0**%

柿（干し）

渋柿を乾燥させたもの。へたと種がついたままなので、それらをとり除いて食べる。

1個
- 目安量 **20**g
- 正味重量 **18**g 49kcal
- 廃棄率 **8**%
（種子、へたを除く）

バナナ

バナナの皮をむき、乾燥させたもの。まるごと1本が使われているので、食べごたえがある。

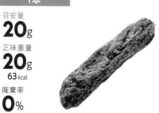

1本
- 目安量 **20**g
- 正味重量 **20**g 63kcal
- 廃棄率 **0**%

ぶどう（レーズン）

一般的には、種なしぶどうを乾燥させたもの。お菓子にも料理にも使える。

大さじ1
- 目安量 **12**g
- 正味重量 **12**g 39kcal
- 廃棄率 **0**%

ブルーベリー

ブルーベリーを蜜につけてから熱風乾燥させたもの。ワイルドブルーベリーが使われることが多い。

大さじ1
- 目安量 **9**g
- 正味重量 **9**g 25kcal
- 廃棄率 **0**%

10粒 目安量 **1.2**g 3kcal

プルーン

西洋すももを乾燥させたもの。西洋すももは、かたい果肉や甘酸っぱさが特徴。

1粒（種なし）
- 目安量 **7**g
- 正味重量 **7**g 15kcal
- 廃棄率 **0**%
※核（種）つきの廃棄率は20%

memo

この他のドライフルーツ

キウイフルーツ、パイナップル、クランベリー、マンゴー、パパイヤなど、さまざまな種類が入っているミックスタイプのドライフルーツも便利。

肉類

1枚、1本、ひと塊と単位はさまざまなので、
目安量を覚えておくと便利です。
骨つき肉は廃棄率が高め。

鶏もも肉

余分な脂やすじがとり除いていない状態の目安量。皮つきと皮なしでは、60gほど違う。

皮つき1枚	皮なし1枚分	皮1枚分
目安量 **280**g 532kcal	目安量 **220**g 249kcal	目安量 **60**g 284kcal

鶏胸肉

もも肉と同じく、皮がないほうが低カロリー。そぎ切りに向いている部位。

皮つき1枚	皮なし1枚分	皮1枚分
目安量 **280**g 372kcal	目安量 **255**g 268kcal	目安量 **25**g 117kcal

  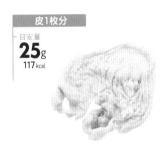

ささ身

肉類の中で、高たんぱく、低脂肪な部位。消化吸収率も高い。

1本
目安量 **50**g
正味重量 **48**g 49kcal
廃棄率 **5**%
（すじを除く）

砂肝

鶏の胃の一部で、皮やすじをとり除いたもの。コリコリした食感。

1個
目安量 **25**g 22kcal

鶏

内臓をとり除いた目安量は1200〜1400g。
ローストチキンやサムゲタンに。

中抜き若鶏1羽
目安量 **1200**g
正味重量 **840**g 1403kcal
廃棄率 **30**%
（骨を除く）

ささ身	目安量 **60**g（1羽のうち5%）	
胸	目安量 **240**g（1羽のうち20%）	
もも	目安量 **420**g（1羽のうち35%）	正味重量 **335**g
手羽	目安量 **120**g（1羽のうち10%）	正味重量 **90**g

鶏骨つき肉

手羽肉は、この3つに分けられる。廃棄量が多く、可食部が少ないのが特徴。

手羽元1本
- 目安量 **60**g
- 正味重量 **40**g 70kcal
- 廃棄率 **30**%（骨を除く）

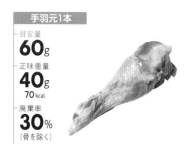

手羽先1本
- 目安量 **60**g
- 正味重量 **35**g 72kcal
- 廃棄率 **40**%（骨を除く）

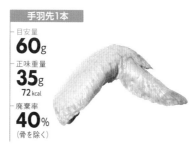

手羽中1本
- 目安量 **20**g
- 正味重量 **15**g 28kcal
- 廃棄率 **35**%（骨を除く）

豚カツ用
ロースやヒレを使うのが一般的。カツだけでなく、ソテーなどにも。

1枚（ロース）
- 目安量 **100**g 248kcal

約7×15cm 厚さ1.2cm

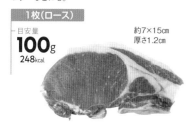

ヒレ1枚 目安量**30**g 35kcal
約5×7cm、厚さ1.5cm

豚角切り
肩ロースは、煮込み料理に向いている部位。角煮などにぴったり。

1個（肩ロース）
- 目安量 **20**g 47kcal

約3×4cm 厚さ2cm

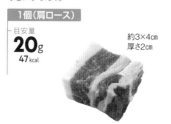

バラ1個 目安量**20**g 73kcal
約3×4cm、厚さ2cm

豚しょうが焼き用
肩ロース、ロースともに、しょうが焼きだけでなく塊のまま調理する焼き豚などにも適している。

1枚（肩ロース）
- 目安量 **40**g 95kcal

約8×15cm 厚さ4mm

ロース1枚 目安量**40**g 99kcal
約8×15cm、厚さ4mm

豚薄切り
豚がよく動かす部分は肉質がかためになるので、薄く切って調理されることが多い。

1枚（もも）
- 目安量 **25**g 43kcal

約8×20cm 厚さ2mm

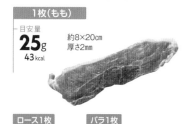

ロース1枚 目安量**20**g 50kcal
約7×15cm、厚さ2mm

バラ1枚 目安量**20**g 73kcal
約5×30cm、厚さ2mm

豚しゃぶしゃぶ用
ロースは肉質が均一で、スライスした1枚1枚の形がきれいに揃う。

1枚（ロース）
- 目安量 **12**g 30kcal

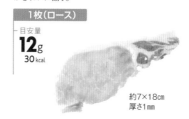

約7×18cm 厚さ1mm

豚こま切れ
塊肉をスライスしたあとの切れ端。安価で手に入り、いため物などに使いやすい。

1枚（肩ロース）
- 目安量 **10**g 24kcal

約6×14cm 厚さ2mm

豚スペアリブ

豚肉の骨つき肉といえばこれ。大きさがいろいろなので、グラムで計ること。

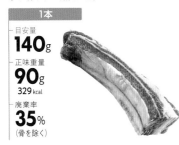

1本
目安量 **140**g
正味重量 **90**g 329kcal
廃棄率 **35**% (骨を除く)

---

memo

バラ肉の白い部分

白い部分はすべて脂肪と思われがちですが、実はコラーゲンを主成分とする結合組織です。その中に脂肪が存在しているため、長時間加熱するとコラーゲンが煮溶けてゼラチン化し、やわらかくなるとともに脂肪が溶け出します。

牛ステーキ

サーロインをはじめ、ヒレ、ももなどの部位が使われる。

1枚(サーロイン)
目安量 **150**g 470kcal

約7×20cm
厚さ1.5cm

ヒレ1枚	もも1枚
目安量 **150**g 266kcal	目安量 **100**g 196kcal
約7×12cm、厚さ2cm	約7×10cm、厚さ2cm

牛角切り

カレーやビーフシチューなど、煮込んで使うのがおすすめ。

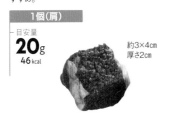

1個(肩)
目安量 **20**g 46kcal

約3×4cm
厚さ2cm

肩ロース1個	目安量 **20**g 59kcal
約3×4cm、厚さ2cm	

牛薄切り

すき焼きやいため物などに。もも、肩ロースともに、牛がよく動かす部分が薄切りで調理する。

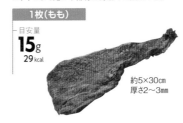

1枚(もも)
目安量 **15**g 29kcal

約5×30cm
厚さ2〜3mm

肩ロース1枚	目安量 **60**g 177kcal
約10×30cm、厚さ2〜3mm	

牛しゃぶしゃぶ用

肩ロースには脂肪が適度にあるので、霜降りになりやすい。

1枚(肩ロース)
目安量 **15**g 44kcal

約10×15cm
厚さ1mm

もも1枚	目安量 **15**g 29kcal
約10×16cm、厚さ1mm	

牛こま切れ・切り落とし

塊肉をスライスしたときに出る、切れ端の部分。

1枚(肩ロース)
目安量 **10**g 30kcal

約5×10cm
厚さ2〜3mm

もも1枚	目安量 **10**g 20kcal
約5×10cm、厚さ2〜3mm	

牛焼き肉用

カルビは、あばら骨の周辺の肉など。赤身と脂肪が層になっていて、味わいが濃厚。

1枚(カルビ・バラ)
目安量 **25**g 95kcal

約3×8cm
厚さ5mm

牛はらみ(横隔膜)

肉厚で、脂肪も適度についている。ジューシーさが味わえるので、焼き肉などに向く。

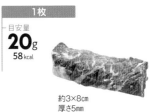

1枚
目安量 **20**g 58kcal

約3×8cm
厚さ5mm

レバー

肝臓のこと。鶏は、くせが少ない。　一方で、牛は臭みが強いため、下味をつけて調理するとよい。いずれも、いため物やペーストなどに。甘辛く煮ると食べやすい。

鶏レバー1個

目安量
50g
50 kcal

牛レバー1枚（薄切り）

目安量
10g
12 kcal

約4×6cm
厚さ5mm

豚マメ

腎臓のこと。そら豆に似た形をしている。

1個

目安量
100g
96 kcal

ひき肉

この4種類が、一般的に出回っている。重量は、パックに表示されているものを参考にして。

鶏ひき肉

目安量
100g
171 kcal

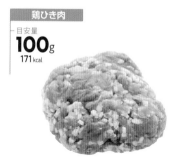

豚ひき肉

目安量
100g
209 kcal

牛ひき肉

目安量
100g
251 kcal

牛・豚合いびき肉（牛肉70%＋豚肉30%）

目安量
100g
239 cal

牛タン

舌の皮をとり除いたもの。脂肪が多く、肉質はかため。

1枚（薄切り焼き肉用）

目安量
20g
64 kcal

約5×6cm
厚さ5mm

ラムロース

ラムは、生後1年未満の子羊の肉。ロースは、背中のあたりの上質な部位。

1枚

目安量
30g
86 kcal

直径12cm
厚さ3mm

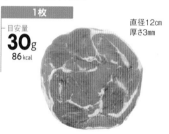

肉加工品

豚肉が原料になっていることが多いこれら。
一般的な太さや厚さの、1本、1枚の
目安量を把握しておくと便利です。

ウインナーソーセージ

ひき肉などを塩や香辛料で調味して、腸詰めしたもの。

1本
目安量
20g
64kcal

フランクフルト

豚の腸を使っていて、直径20mm以上36mm未満のものをさす。

1本
目安量
25g
74kcal

ホットドッグ用ソーセージ

コッペパンのような、細長いパンにはさんでちょうどいい長さ。

1本
目安量
40g
128kcal

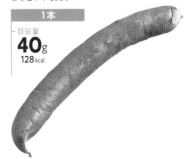

生ハム（長期熟成）

長期熟成の塩漬けや乾燥の工程を経て作られる。普通のハムと違い、ゆでる工程がない。

1枚
目安量
5g
13kcal

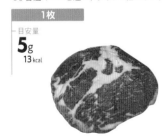

ベーコン

豚バラ肉を塩漬けにしたあと燻製し、スライスしたもの。

1枚
目安量
17g
68kcal

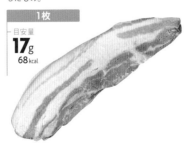

焼き豚

チャーシューともいう。そのまま食べても、ラーメンやチャーハンに使っても。

1枚
目安量
10g
17kcal

ロースハム

豚の塊肉を燻製してスライスしたもの。サラダやサンドイッチに。

1枚
目安量
10g
21kcal

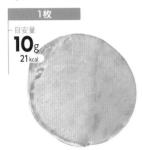

ソフトサラミ

乾燥させたソーセージのこと。

1枚
目安量
10g
34kcal

直径8.5cm
厚さ1.5mm

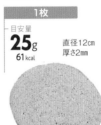

ボロニアソーセージ

調味したひき肉を牛の腸に詰めたもの。

1枚
目安量
25g
61kcal

直径12cm
厚さ2mm

ボンレスハム

豚のもも肉から骨を抜いて作られる。ロースハムよりも脂肪が少ない。

厚さ2mm
目安量
20g
23kcal

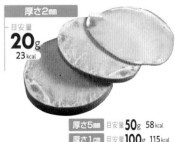

| 厚さ5mm | 目安量**50**g | 58kcal |
| 厚さ1cm | 目安量**100**g | 115kcal |

魚介類・魚介加工品

1尾まるごとの魚を調理するときは、
目安量と廃棄率を押さえておくとむだなく使えます。
切り身や加工品についてもしっかりチェックしておいて。

アジ

青背魚の代表格。塩焼き、フライ、煮つけ、刺し身などに。

1尾		
目安量	正味重量	廃棄率
160g	**70**g 78kcal	**55**% (頭、内臓、骨、ひれ等を除く。三枚おろし)

刺し身1切れ	目安量 **10**g 11kcal

アジの開き干し

アジを腹開きにしたもの。表面はパリッと、中はふっくらと焼き上げく。

1枚 (小)		
目安量	正味重量	廃棄率
100g	**65**g 98kcal	**35**% (頭部、骨、ひれ等を除く)

アナゴ

ほとんどが切り身の状態で出回る。天ぷらにするほか、煮たり焼いたりして寿司ネタにも。

約6cm幅
35cm長さ

1尾 (開き身)		
目安量	正味重量	廃棄率
70g	**70**g 102kcal	**0**% ※一尾の廃棄率は35%

アユ

塩焼きがおなじみの川魚。ソテーや甘露煮などにも。ここでは養殖ものを掲載。

約15cm

1尾		
目安量	正味重量	廃棄率
80g	**40**g 55kcal	**50**% (頭、内臓、骨、ひれ等を除く。三枚おろし)

イワシ

日本の大衆魚。刺し身、塩焼き、フライ、天ぷらなどに。

約15cm

1尾		
目安量	正味重量	廃棄率
120g	**50**g 78kcal	**60**% (頭、内臓、骨、ひれ等を除く。三枚おろし) ※手開きの廃棄率は50%

アンチョビ

カタクチイワシ科の小魚を三枚におろし、塩蔵後に油漬けしたもの。

1切れ
目安量
3g 5kcal

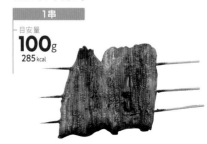

3切れ	目安量 **10**g 16kcal

シラス干し微乾燥品

カタクチイワシの稚魚を軽く塩ゆでし、干したもの。

大さじ1
目安量
6g 7kcal

シラス干し半乾燥品

乾燥させたシラス干し。関西では半乾燥品のことをちりめんじゃこと呼ぶ。

大さじ1
目安量
4g 7kcal

ウナギの蒲焼き

ウナギを開き、たれをつけて焼き上げたもの。ごはんといっしょに。

1串
目安量
100g 285kcal

41

カジキ（メカジキ）

切り身で出回るのが一般的。ムニエル、フライ、煮つけなどに。

1切れ		
目安量	正味重量	廃棄率
100g	**100**g 139kcal	**0**%

刺し身1切れ	目安量 **10**g	14kcal

カツオ（春獲り）

初夏の初ガツオ、秋の戻りガツオというように、旬が1年に2回ある。

1さく（背側）		
目安量	正味重量	廃棄率
250g	**250**g 270kcal	**0**% ※一尾（三枚おろし）の廃棄率は35%

刺し身1切れ	目安量 **15**g	16kcal
秋獲り・生	目安量 **100**g	150kcal

カマス

塩焼きや一夜干しがおいしい。天ぷらにするのもおすすめ。

約22cm

1尾		
目安量	正味重量	廃棄率
160g	**95**g 130kcal	**40**% （頭、内臓、骨、ひれ等を除く。三枚おろし）

カレイ

平らな形で、目が体の右側に2つあるのが特徴。白身がおいしい。

約17cm

1尾		
目安量	正味重量	廃棄率
200g	**100**g 89kcal	**50**% （頭、内臓、骨、ひれ等を除く。五枚おろし）

カレイ（子持ちガレイ）

寒い時期に出回る、卵を持ったメスのカレイ。煮つけにされることが多い。

1切れ		
目安量	正味重量	廃棄率
130g	**120**g 148kcal	**10**% （骨、皮を除く。切り身） ※一尾の廃棄率は40%

カンパチ

刺し身としてよく食べられている白身魚。寿司、カルパッチョなどに。

1さく（背側）		
目安量	正味重量	廃棄率
450g	**450**g 536kcal	**0**% ※一尾（三枚おろし）の廃棄率は40%

刺し身1切れ	目安量 **12**g	14kcal

キス

体長10cm程度の小さい魚。開いて天ぷらにするのがおいしい食べ方。

約10cm

1尾		
目安量	正味重量	廃棄率
50g	**23**g 17kcal	**55**% （頭、内臓、骨、ひれ等を除く。三枚おろし）

天ぷら用開き身1尾	目安量 **20**g	15kcal

ギンダラ

煮つけ、西京焼きなどに。みそ漬け、みりん漬けなどで出回っていることもある。

1切れ		
目安量	正味重量	廃棄率
80g	**80**g 168kcal	**0**%

キンメダイ

冬が旬だが、通年出回っている。刺し身、煮魚、干物に。

1切れ		
目安量	正味重量	廃棄率
80g	**80**g 118kcal	**0**% ※一尾（三枚おろし）の廃棄率は60%

サケ（シロサケ）

塩漬けしていない、生のもの。ムニエルやバター焼きに。

1切れ

目安量	正味重量	廃棄率
100g	**100**g 124 kcal	**0**% ※一尾の廃棄率は40%

サケ・サーモン（アトランティックサーモン）

サーモンといえば、本来はアトランティックサーモンのこと。脂ののりがよい。

1さく

目安量	正味重量	廃棄率
200g	**200**g 446 kcal	**0**%

刺し身1切れ	目安量 **12**g	27 kcal

サケ・キングサーモン（マスノスケ）

マスノスケが、サケの中で一番の高級魚。輸入品が多く出回っている。

1切れ

目安量	正味重量	廃棄率
100g	**100**g 176 kcal	**0**%

塩ザケ

サケに塩をまぶして熟成させているので、うま味が濃い。

1切れ

目安量	正味重量	廃棄率
100g	**100**g 183 kcal	**0**%

スモークサーモン

塩漬けしたサケを冷燻したもの。キングサーモンが向いている。

1枚

目安量
10g 14 kcal

サケ水煮缶詰め

大きめの切り身のまま入っているもの、小さめにカットされているもの、中骨つきなどさまざま。

1缶

目安量
180g 281 kcal

サバ

日本各地で養殖されているブランドサバはマサバとゴマサバ。輸入品はタイセイヨウサバ。

約25cm

1尾

目安量	正味重量	廃棄率
500g	**250**g 528 kcal	**50**% （頭、内臓、骨、ひれ等を除く。三枚おろし）

1切れ	目安量 **70**g	148 kcal

塩サバ

塩によって水分が抜けているので、うま味が凝縮している。

半身1枚

目安量	正味重量	廃棄率
140g	**140**g 368 kcal	**0**%

サバ水煮缶詰め

骨まで食べられる。汁も捨てずに使って、栄養をまるごと摂取して。

1缶

目安量
180g 313 kcal

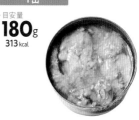

サワラ

旬は春から初夏。スズキ目・サバ科の、ほっそりとした青魚。

1切れ		
目安量	正味重量	廃棄率
80g	**80**g	**0**%
	129kcal	※一尾の廃棄率は30%

サンマ

秋の味覚の代表。脂肪分が多くて美味。塩焼き、蒲焼きなどに。

約22cm

1尾		
目安量	正味重量	廃棄率
150g	**100**g	**35**%
	287kcal	（頭、内臓、骨、ひれ等を除く。三枚おろし）

シシャモ（カラフトシシャモ）

焼いてまるごと食べられる小魚の代表。カルシウム補給におすすめ。

1尾		
目安量	正味重量	廃棄率
15g	**15**g	**0**%
	24kcal	

本シシャモ1尾 目安量 **25**g 38kcal

スズキ

通年獲れるが、脂がのる夏がおいしいとされる。刺し身、洗い、ムニエル、から揚げなどに。

1切れ		
目安量	正味重量	廃棄率
80g	**80**g	**0**%
	90kcal	※一尾の廃棄率は55%

刺し身1切れ 目安量 **10**g 11kcal

タイ

白身魚の代表。刺し身、塩焼き、煮つけ、タイめしに。

1切れ		
目安量	正味重量	廃棄率
80g	**80**g	**0**%
	128kcal	※一尾（三枚おろし）の廃棄率は55%

刺し身1切れ 目安量 **12**g 19kcal

タチウオ

主に塩焼き、煮つけ、天ぷらなどにされるが、新鮮なものは皮つきを刺し身にするのもよい。

1切れ		
目安量	正味重量	廃棄率
120g	**115**g	**5**%
	274kcal	（骨、ひれ等を除く。切り身）※一尾（三枚おろし）の廃棄率は35%

タラ

秋から冬が旬。切り身で売られているものが多い。

1切れ		
目安量	正味重量	廃棄率
100g	**100**g	**0**%
	72kcal	※一尾の廃棄率は65%

タラコ

タラの卵巣（魚卵）を加工した食品。北海道が主な産地。

1腹（小）
目安量
50g
66kcal

大さじ1 目安量 **15**g 20kcal

でんぶ

白身魚やホタテ、エビなどのそぼろに、しょうゆ、砂糖、着色料などを加えたもの。

大さじ1
目安量
6g
21kcal

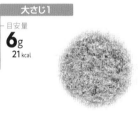

小さじ1 目安量 **2**g 7kcal

ニジマス

サケ科の魚。全国各地で養殖され、通年出回る。塩焼き、ムニエル、天ぷら、刺し身などに。

約18cm

1尾		
目安量 **140**g	正味重量 **75**g 87kcal	廃棄率 **45**% （頭、内臓、骨、ひれ等を除く。三枚おろし）

ヒラメ

出回るほとんどは養殖もの。刺し身のほか、煮つけやムニエルにするのもよい。

1さく		
目安量 **150**g	正味重量 **150**g 173kcal	廃棄率 **0**% ※一尾（三枚おろし）の廃棄率は40%

刺し身1切れ 目安量 **8**g 8kcal

ブリ

旬は、産卵期前で脂がのる冬。この時期の寒ぶりは脂が多い。

1切れ		
目安量 **80**g	正味重量 **80**g 178kcal	廃棄率 **0**% ※一尾の廃棄率は40%

刺し身1切れ 目安量 **12**g 22kcal

マグロ（クロマグロ）

全長は、60cmのものから3mのものまである。刺し身用として市場に出回る。

赤身1さく		
目安量 **150**g	正味重量 **150**g 173kcal	廃棄率 **0**%

刺し身1切れ 目安量 **14**g 16kcal

トロ1さく		
目安量 **150**g	正味重量 **150**g 462kcal	廃棄率 **0**%

刺し身1切れ 目安量 **14**g 43kcal

memo

マグロの仲間いろいろ

キハダマグロは、弾力のある身が特徴的。ビンナガマグロは50cm程度と小さめで、ツナ缶などによく使われる。メジマグロは、クロマグロの幼魚。メバチマグロは、赤身がおいしいとされる。

ミナミマグロ

インドマグロともいう。全長2mほど。トロのうま味が特徴的。

赤身1さく		
目安量 **150**g	正味重量 **150**g 132kcal	廃棄率 **0**%

刺し身1切れ 目安量 **14**g 12kcal

トロ1さく		
目安量 **150**g	正味重量 **150**g 483kcal	廃棄率 **0**%

刺し身1切れ 目安量 **14**g 45kcal

ツナ缶詰め

マグロを、油または水で調理したもの。商品によっては、カツオを使ったものもある。

油漬け1缶（小缶） 目安量 **70**g 186kcal

水煮1缶（小缶） 目安量 **70**g 49kcal

メバル

あっさりとした白身魚なので、煮つけにされることが多い。新鮮なものは刺し身にしても。

約15cm

1尾		
目安量	正味重量	廃棄率
200g	**90**g	**55**%
	90 kcal	(頭、内臓、骨、ひれ等を除く。三枚おろし)

ワカサギ

まるごと食べられる。調理法としては、天ぷらにするのが代表的。

約8cm

1尾		
目安量	正味重量	廃棄率
10g	**10**g	**0**%
	7 kcal	

アカガイ

江戸前寿司の代表的なネタ。ヘモグロビンを含んでいるので、身が赤い。

1枚（むき身）		
目安量	正味重量	廃棄率
15g	**15**g	**0**%
	11 kcal	※殻つきの廃棄率は75%

アサリ

国産品よりも輸入品が多く出回っている。

10個（殻つき）		
目安量	正味重量	廃棄率
80g	**30**g	**60**%
	8 kcal	(貝殻を除く)

1個(大)	目安量 **15**g	正味重量 **6**g	2 kcal
1個(小)	目安量 **8**g	正味重量 **3**g	1 kcal

アサリ水煮缶詰め

アサリのむき身を煮たもの。汁には貝特有の味、コハク酸と栄養があるので、むだなく使って。

10個		
目安量		
10g		
10 kcal		

カキ

生食、フライ、蒸し物などに。加熱用と生食用があるので、購入する際は要確認。

1個（むき身）		
目安量	正味重量	廃棄率
15g	**15**g	**0**%
	9 kcal	※殻つきの廃棄率は75%

シジミ

塩分濃度が1.5%以下の水域でとれる、ヤマトシジミが一般的。

10個（殻つき）		
目安量	正味重量	廃棄率
50g	**13**g	**75**%
	6 kcal	(貝殻を除く)

1個(小)	目安量 **5**g	正味重量 **1**g	1 kcal

トリガイ

むき身で購入する場合、湯引きされていることが多い。天ぷら、煮物などにするのもよい。

1枚（むき身）		
目安量	正味重量	廃棄率
10g	**10**g	**0**%
	8 kcal	

ハマグリ

シンプルに焼いたり、お吸い物にして食べられることが多い。コハク酸が少ないので日本酒で補うことが多い。

1個（殻つき）		
目安量	正味重量	廃棄率
25g	**10**g	**60**%
	4 kcal	(貝殻を除く)

ホタテガイ

アミノ酸のグリシンとコハク酸が豊富で、強いうま味がある。

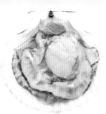

1個（殻つき）		
目安量 **200**g	正味重量 **100**g 66kcal	廃棄率 **50**% （貝殻を除く）

ホタテ貝柱

冷凍したものでもおいしく食べられる。刺し身やカルパッチョで。

1個		
目安量 **30**g	正味重量 **30**g 25kcal	廃棄率 **0**%

刺し身1切れ（1/3個）	目安量 **10**g	8kcal

イカ（スルメイカ）

軟骨とくちばし以外、ほぼ全身が食べられる。刺し身や塩辛、焼き物、揚げ物などに。

1ぱい		
目安量 **200**g	正味重量 **140**g 106kcal	廃棄率 **30**% （内臓等を除く）

胴（1ぱい分）	目安量 **100**g	76kcal

エビ（アマエビ）

独特の甘みがある。寿司ネタとしてなど、生食されることがほとんど。

1尾（むき身）		
目安量 **7**g	正味重量 **6**g 6kcal	廃棄率 **12**% （尾を除く） ※有頭の廃棄率は65%

有頭1尾	目安量 **20**g	正味重量 **7**g	6kcal

エビ（バナメイエビ）

クルマエビの仲間。エビの中では、これが多く市場に出回っている。

1尾（無頭殻つき）		
目安量 **15**g	正味重量 **13**g 11kcal	廃棄率 **13**% （殻、尾を除く） ※有頭の廃棄率は20%

エビ（ブラックタイガー）

回転寿司のネタ、天ぷら、フライなどに使われるポピュラーなエビ。

1尾（無頭殻つき）		
目安量 **20**g	正味重量 **17**g 13kcal	廃棄率 **15**% （殻、尾を除く）

エビ（むきエビ）

チリソースいため、グラタン、サラダなどに使いやすい。

1尾（小）		
目安量 **10**g	正味重量 **10**g 8kcal	廃棄率 **0**%

サクラエビ（乾）

あえ物、ごはんなどに加えることで、うま味と彩りをプラス。

大さじ1
目安量 **2**g 6kcal

干しエビ

もどし汁にも味成分が多く含まれるので、身とともに使って。

大さじ1
目安量 **6**g 12kcal

水戻し後	目安量 **8**g	17kcal

カニ（ゆでズワイガニ）

オスは松葉ガニや越前ガニ、メスは香箱ガニなどの名称で呼ばれている。

足1本		
目安量 **40**g	正味重量 **20**g 13kcal	廃棄率 **50**% （殻を除く）※1ぱいの廃棄率は55%
1肩 目安量 **300**g 正味重量 **135**g 88kcal		

タコ（ゆでダコ）

マダコ、水ダコ、イイダコなど、種類が豊富にある。

足1本		
目安量 **50**g	正味重量 **50**g 46kcal	廃棄率 **0**%
刺し身1切れ 目安量 **8**g 6kcal		
足8本 目安量 **350**g 319kcal	1ぱい 目安量 **500**g 455kcal	

ホタルイカ（ゆで）

全長が10cmにも満たない小さなイカ。しょうゆ漬けなどにして食べられる。

1ぱい		
目安量 **6**g	正味重量 **6**g 5kcal	廃棄率 **0**%

イクラ

サケの卵の塩漬け。しょうゆ漬けされたものも多い。丼、軍艦巻き、ちらし寿司などに。

大さじ1
目安量 **18**g 45kcal

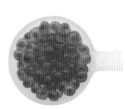

カズノコ

ニシンの卵巣の塩漬け。調理の際は塩抜きする。塩漬けでなく乾燥させたものも出回っている。

1本
目安量 **40**g 56kcal

かまぼこ（蒸し）

白身魚のすり身が主原料。塩分を加え、加熱して作られる。

1切れ（5mm厚さ）
目安量 **8**g 7kcal

ちくわ

魚肉のすり身を棒に巻きつけて焼いた、または蒸したもの。

1本（大）
目安量 **70**g 83kcal

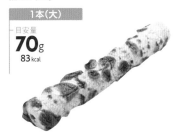

さつま揚げ

魚肉のすり身を形成し、油で揚げた練り製品。揚げかまぼこ。

1枚（小判型）
目安量 **30**g 41kcal

はんぺん

魚肉のすり身に、おろした山芋を混ぜて調味し、ゆでたもの。

1枚（大）
目安量 **100**g 93kcal

豆・大豆製品

大豆と大豆製品、その他さまざまな豆の目安量がこちら。
豆腐1丁の重量は地方によって異なるため、
ここでは関東のものを目安に掲載しています。

豆腐（絹ごし豆腐）

熱した豆乳に凝固剤を入れ、穴のない型箱に一気に流し込んだもの。

1丁

目安量
300g
168 kcal

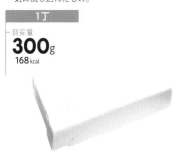

豆腐（もめん豆腐）

熱した豆乳に凝固剤を混ぜて固め、くずして型入れをして成形したもの。

1丁

目安量
300g
219 kcal

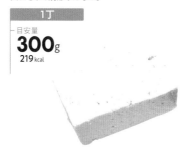

---

memo

豆腐の仲間いろいろ

もめん豆腐の工程中、箱型に入れる前の寄せた状態のものをおぼろ豆腐といい、ホロホロとした食感が特徴。焼き豆腐は、水けを切った豆腐の表面を直火であぶり、焼き目をつけたもので、くずれにくい。

おから

大豆を浸水してつぶし、加熱して水分を絞ったもの。

1カップ

目安量
70g
62 kcal

きな粉

大豆をいり、粉にしたもの。和菓子などによく使われる。

大さじ1

目安量
5g
23 kcal

油揚げ

薄切りにした豆腐を高温の油で揚げた食品。薄揚げ、稲荷揚げともいう。

1枚

目安量
20g
75 kcal

1枚（手揚げ風）

目安量
40g
151 kcal

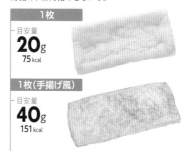

生揚げ（厚揚げ）

大きめに切った豆腐を、中が生の状態に保たれるように揚げたもの。

1枚（大）

目安量
200g
286 kcal

1枚（小） 目安量 **100**g 143 kcal

がんもどき

精進料理において、肉の代用品として親しまれてきた。関西では飛竜頭と呼ぶ。

1個（大）

目安量
100g
223 kcal

1個（小） 目安量 **20**g 45 kcal

湯葉（生）

豆乳を煮詰めて、表面にできた膜をすくいとった大豆製品。

1枚

目安量
30g
65 kcal

豆乳

大豆を浸水してすりつぶし、水を加えて煮詰め、こした豆汁。

コップ1杯
目安量
150g
66 kcal

1カップ　目安量**200**g　88 kcal

納豆

大豆を納豆菌で発酵させた食品。糸引き納豆には、小粒の豆を使ったものと、大粒の豆を割砕したひきわり納豆がある。

糸引き1パック
目安量
40g
76 kcal

1パック(小)　目安量**30**g　57 kcal

ひきわり1パック
目安量
40g
74 kcal

1パック(小)　目安量**30**g　56 kcal

大豆(黄大豆)

三大栄養素がバランスよく含まれていて、食物繊維も豊富。

1カップ(乾) → ゆでると **330**g 2と1/2カップ
目安量
150g
558 kcal

1カップ(ゆで)
目安量
135g
220 kcal

大豆水煮缶詰め

大豆を浸水してから、煮たもの。あえ物、煮物、汁物、サラダなどに使いやすい。

1カップ
目安量
140g
174 kcal

蒸し大豆(ドライパック)

大豆を浸水してから、蒸したもの。水煮と違って汁がない分、調理がよりラク。

1カップ
目安量
140g
260 kcal

あずき

栄養価が高い豆。暗赤色の皮には、アントシアニンが含まれている。

1カップ(乾) → ゆでると **390**g 2と3/5カップ
目安量
170g
517 kcal

1カップ(ゆで)
目安量
150g
183 kcal

いんげん豆

別名を白花豆という、白い豆のこと。煮豆などに。

1カップ（乾） → **ゆでると**
目安量 **160**g
448 kcal
350g
2と1/3カップ

1カップ（ゆで）
目安量 **150**g
191 kcal

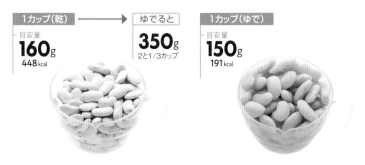

ひよこ豆（ガルバンゾ）

ホクホクとした食感なので、煮込み料理やサラダにぴったり。

1カップ（乾） → **ゆでると**
目安量 **170**g
571 kcal
375g
2と2/3カップ

1カップ（ゆで）
目安量 **140**g
209 kcal

えんどう豆

グリーンピースが成熟したもの。和菓子によく使われる。

1カップ（乾） → **ゆでると**
目安量 **170**g
527 kcal
375g
2と1/2カップ

1カップ（ゆで）
目安量 **150**g
194 kcal

ささげ

あずきよりも皮がかたいため、煮くずれさせたくない料理に向いている。

1カップ（乾） → **ゆでると**
目安量 **160**g
448 kcal
370g
2と4/5カップ

1カップ（ゆで）
目安量 **130**g
169 kcal

memo

豆の仲間いろいろ①

えんどう豆には、青いものだけでなく赤いものもある。この赤えんどう豆は、みつ豆や豆大福でおなじみの存在。大納言は、あずきの中でも大粒の品種のもので、煮ても皮が破れにくい。甘納豆などの原料となる。

食材の目安量・正味重量・廃棄率

べにばないんげん豆

粒の大きさが際立っている。花豆ともいう。煮豆、甘納豆などに。

1カップ(乾)	→	ゆでると	1カップ(ゆで)
目安量 **135**g		**350**g	目安量 **130**g
369 kcal		2と2/3カップ	134 kcal

緑豆

煮物などに。また、発芽させてもやしにしたり、でんぷんをはるさめにしたりもする。

1カップ(乾)	→	ゆでると	1カップ(ゆで)
目安量 **170**g		**410**g	目安量 **120**g
542 kcal		3と2/5カップ	150 kcal

レンズ豆

水でもどさずに、そのままゆでられる便利な豆。スープやカレーに。

1カップ(乾)	→	ゆでると	1カップ(ゆで)
目安量 **170**g		**340**g	目安量 **130**g
532 kcal		2と3/5カップ	194 kcal

黒大豆

おせち料理に入っている黒豆といえば、この豆のことをいう。

1カップ(乾)	→	ゆでると
目安量 **150**g		**335**g
524 kcal		2と1/2カップ

1カップ(ゆで)
目安量 **135**g
209 kcal

memo

豆の仲間いろいろ②

金時豆は、いんげん豆の銘柄の1つ。白いものと赤いものがある。料理にもお菓子にも適している。うずら豆は、その名の通りうずらの卵と模様が似ているのが特徴。煮豆、甘納豆などに使われている。

卵・乳製品

これらの目安量を知ることは、お菓子作り上達への近道。
また、卵料理や、乳製品を使うグラタン、シチューなどの
料理にも活用しましょう。

卵（全卵）

データは、M〜Lサイズの場合。サイズによって重
量が違うので、把握しておいて。

1個（殻つき）

目安量
65g

正味重量
55g
78kcal

廃棄率
14%
（付着卵白を含む卵殻を除く）
※卵殻のみの廃棄率は13%

卵黄：卵白…32：68

卵黄

料理のトッピングにしたり、カスタードクリームを
作る際に使ったりする。

1個分

目安量
17g
57kcal

卵白

泡立てるとふわふわのメレンゲになるので、その食
感を生かしてお菓子や料理に使える。

1個分

目安量
38g
17kcal

うずら卵

鶏卵と比べてとても小さい卵。鉄、ビタミンA、ビ
タミンB2が豊富。

1個（殻つき）

目安量
12g

正味重量
10g
16kcal

廃棄率
15%
（付着卵白を含む卵殻を除く）
※卵殻のみの廃棄率は12%

1個（水煮）

目安量
10g

正味重量
10g
16kcal

廃棄率
0%

ピータン

アヒルの卵を特殊加工したもの。表面の泥を落と
し、殻をむいて食べる。

1個（むき身）

目安量
50g

正味重量
50g
94kcal

廃棄率
0%
※泥状物及び卵殻つきの廃棄率は45%
※卵殻のみの廃棄率は15%

牛乳（普通牛乳）

クリーム煮や、ビシソワーズといったスープなどの
料理に。

コップ1杯

目安量
150g
92kcal

1カップ	目安量 **210**g	128 kcal

ヨーグルト（プレーンヨーグルト）

糖分を加えていないヨーグルト。お菓子や、肉・魚
料理に使用。

1食分

目安量
80g
45kcal

1カップ	目安量 **210**g	118 kcal
大さじ1	目安量 **15**g	8 kcal

スキムミルク（脱脂粉乳）

牛乳の乳脂肪分や水分を除去した、粉末乳。

大さじ1

目安量
6g
21kcal

小さじ1	目安量 **2**g	7 kcal

加糖練乳

コンデンスミルクともいう。缶やチューブに入った
ものが販売されている。

大さじ1

目安量
18g
57kcal

小さじ1	目安量 **6**g	19 kcal

食材の目安量・正味重量・廃棄率

プロセスチーズ

ナチュラルチーズを加熱・溶解して、再成形した加工チーズ。形がさまざま。

スライス1枚	6Pチーズ1個	1切れ(3×6cm厚さ5mm)	スティック1本	個包装1個
目安量 **18**g 56kcal	目安量 **18**g 56kcal	目安量 **10**g 31kcal	目安量 **10**g 31kcal	目安量 **15**g 47kcal

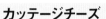

カッテージチーズ

熟成させていないチーズ。サラダ、パスタなどのトッピングにぴったり。

大さじ1
目安量 **15**g
15kcal

クリームチーズ

非熟成のフレッシュタイプ。お菓子やデザートに。

大さじ1
目安量 **15**g
47kcal

カマンベールチーズ

表面が白カビに覆われているチーズ。内部はクリーミー。

1ホール
目安量 **100**g
291kcal

輸入品1ホール 目安量 **125**g 364kcal

生クリーム

料理やお菓子には、乳脂肪分35〜50%のものを使用する。

1パック(200mL)
目安量 **200**g
808kcal

生クリーム
FRESH CREAM
クリーム
乳脂肪分47.0%
200ml

大さじ1 目安量 **15**g 61kcal

パルメザンチーズ(粉チーズ)

パルメザンチーズを粉状にしたもの。パスタ、グラタンなどに。

大さじ1
目安量 **6**g
27kcal

とろけるチーズ(エメンタール)

油分を添加して、低温でもとけやすく加工したチーズのこと。ピザ用チーズ。

大さじ1
目安量 **8**g
32kcal

穀類

主食となる穀類、パン、めん類、粉は、
1食分の重量を把握することが大切です。
エネルギーを管理するためにも、押さえておきましょう。

米

1合の容量は180ml。炊飯器用の計量カップは1カップ＝180mLなので、間違えないように。

精白米1合
目安量
150g
513 kcal
1カップ 目安量 **170**g
581 kcal
1合（無洗米）目安量 **160**g 547 kcal
1カップ（無洗米）目安量 **180**g 616 kcal

胚芽精米1合
目安量
150g
515 kcal
1カップ 目安量 **170**g
583 kcal

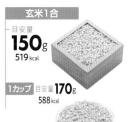

玄米1合
目安量
150g
519 kcal
1カップ 目安量 **170**g
588 kcal

おかゆ

白米を多めの水でやわらかく煮たもの。おもゆは、おかゆの上澄み液。

精白米全がゆ丼1杯
目安量
200g
130 kcal
1カップ 目安量 **210**g 137 kcal

精白米五分がゆ丼1杯
目安量
200g
66 kcal
1カップ 目安量 **200**g 66 kcal

精白米おもゆ丼1杯
目安量
200g
38 kcal
1カップ 目安量 **200**g 38 kcal

ごはん

精米段階の異なるうるち米と、もち米をそれぞれ炊いたもの。エネルギーオーバーしないように。

精白米ごはん茶わん1杯
目安量
150g
234 kcal
1カップ 目安量 **120**g 187 kcal

胚芽精米ごはん茶わん1杯
目安量
150g
239 kcal
1カップ 目安量 **120**g 191 kcal

もち米ごはん茶わん1杯
目安量
150g
282 kcal
1カップ 目安量 **160**g 301 kcal

玄米ごはん茶わん1杯
目安量
150g
228 kcal
1カップ 目安量 **120**g 182 kcal

もち米

うるち米と比べ、強い粘りけがある。もち、赤飯などに。

1合
目安量
155g
532 kcal
1カップ 目安量 **175**g 600 kcal

赤飯

ここでは、もち米10、ささげ1の割合で炊いたものを使用。

茶わん1杯
目安量
150g 279 kcal

もち（角もち）

もっちりとした食感。重量のわりに、エネルギーが高め。

1個
目安量
50g 112 kcal
1個（丸もち）目安量 **40**g 89 kcal

焼きおにぎり

精白米のごはんに、しょうゆを塗って焼いたおにぎり。

1個
目安量
50g 83 kcal

米ぬか

米の外皮、胚芽など。ぬか漬けや食材の下ゆでに使う。

1カップ
目安量
55g 206 kcal
大さじ1 目安量 **4**g 15 kcal

食パン

四角い型に生地を入れ、発酵させて焼いたパン。厚さによって変わる重量をチェック。

12枚切り1枚	8枚切り1枚	6枚切り1枚	5枚切り1枚	4枚切り1枚	山型パン1枚
目安量 **30**g	目安量 **45**g	目安量 **60**g	目安量 **70**g	目安量 **90**g	目安量 **60**g
74 kcal	112 kcal	149 kcal	174 kcal	223 kcal	148 kcal

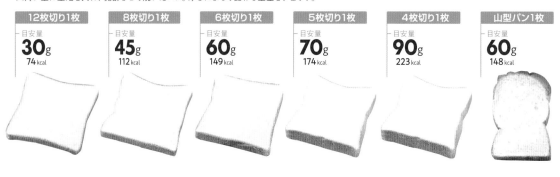

サンドイッチ用パン

一般的には、耳を切り落とした12枚切り食パンのこと。

1枚
目安量 **16**g
36 kcal

ロールパン

テーブルロールパンの代表格で、市販のパンのなかでも定番。

1個
目安量 **30**g
93 kcal

イングリッシュマフィン

コーングリッツという、とうもろこしの粉が表面にまぶしてある。

1個
目安量 **60**g
134 kcal

コッペパン

真ん中に切れ込みを入れ、さまざまな具をはさんで食べられることが多い。

1個
目安量 **100**g
259 kcal

米粉パン

小麦粉ではなく米粉を原料とする。このパンなら小麦アレルギーの人も食べられる。

1枚（15mm厚さ）
目安量 **20**g
49 kcal

ぶどうパン（6枚切り）

生地にレーズンを練り込んである。レーズンパンともいう。

1枚
目安量 **65**g
171 kcal

フランスパン

小麦粉、塩、水、イーストのみで作られる。細長いタイプには、バゲット、バタールなどがある。

1本
目安量
230g
665kcal

| 10cm | 目安量 **75**g | 217kcal |

ライ麦パン

ライ麦の粉で作ったパン。一般的なパンよりもかためで、黒っぽいのが特徴。黒パンとも呼ばれる。

1枚（12mm厚さ）
目安量
30g
76kcal

クロワッサン

生地にバターをたっぷり折り込んで焼き上げた、デニッシュパン。

1個
目安量
40g
162kcal

ベーグル

生地を発酵させたら、焼く前に一度ゆでる工程があるのが特徴的。

1個
目安量
90g
243kcal

ナン

インドなどでよく食べられてきた。小麦粉に牛乳やバターを混ぜ、タンドールという窯で焼く。

1枚
目安量
80g
206kcal

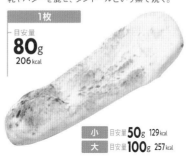

| 小 | 目安量 **50**g | 129kcal |
| 大 | 目安量 **100**g | 257kcal |

うどん・ゆで

袋詰めして密封することで、保存性を高めたもの。食べる際は一度湯に通して。

1袋
目安量
200g
190kcal

うどん・生

小麦粉に塩水を加えてこねた生地を、細長く切った状態のもの。

1玉	→	ゆでると
目安量 **150**g 374kcal		**270**g 257kcal

干しうどん（乾燥）

乾燥させることで、長期保存ができるようになる。

1束	→	ゆでると
目安量 **100**g 333kcal		**240**g 281kcal

そば・生

穀物の、そばの実を原料としためん。そば粉と小麦粉の割合はさまざま。

1玉	→	ゆでると
目安量 **120**g 325kcal		**230**g 299kcal

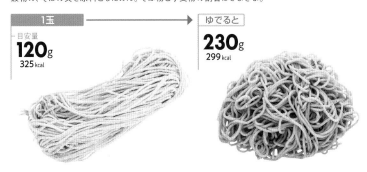

そば・ゆで

そばを、ゆでた状態で袋詰めしたもの。うどん同様、冷凍・冷蔵で販売されている。

1袋
目安量 **160**g 208kcal

干しそば（乾燥）

ここでは、そば粉を40％以上使用したものを掲載。ゆでると2.6倍の重量になる。

1束	→	ゆでると
目安量 **100**g 344kcal		**260**g 294kcal

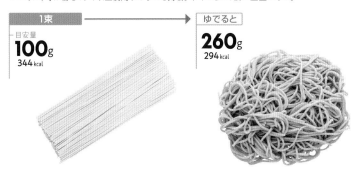

パスタ類・スパゲッティ、マカロニなど（乾燥）

原料は、小麦のデュラムセモリナ。形状に応じてグラタンやサラダなどさまざまな料理に使える。

1食分
目安量 **100**g 347kcal

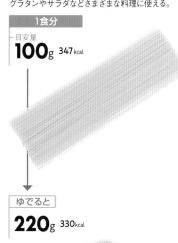

ゆでると
220g 330kcal

そうめん・ひやむぎ（乾燥）

小麦粉を原料とした、日本のめん。主に乾めんとして流通する。

1束	→	ゆでると
目安量 **50**g 167kcal		**135**g 154kcal

中華めん・生

小麦粉を原料とするめんの一種で、かん水を加えて作られる。

1玉	ゆでると
目安量 **110**g 274 kcal	**210**g 279 kcal

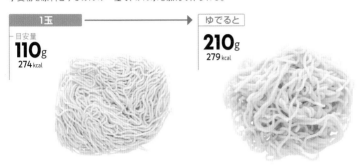

中華めん・蒸し

焼きそば用の中華めん。蒸すことによって食感が変わる。

1袋
目安量 **150**g 243 kcal

インスタントラーメン

ここでは、油で揚げてあるタイプを掲載。ノンフライめんもある。

1袋
目安量 **100**g （添付調味料を含む） 439 kcal

はるさめ（乾燥）

緑豆から採取したでんぷんを原料とした、乾めん。じゃが芋でんぷん、さつま芋でんぷんのものもある。熱湯でもどす。

1袋（大）	ゆでてもどすと
目安量 **100**g 344 kcal	**410**g 320 kcal

ビーフン（乾燥）

うるち米を原料とする、細長い形状のライスヌードルの一種。

1袋	ゆでてもどすと
目安量 **80**g 288 kcal	**240**g

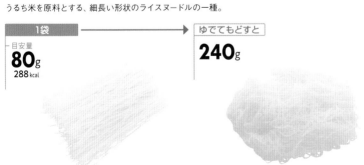

小麦粉（強力粉）

グルテンの量が多く、粘度の高い小麦粉。パン作りに使う。

大さじ1
目安量
9g
30 kcal

1カップ
目安量
110g
371 kcal

小麦粉（薄力粉）

グルテンの量が少ないタイプの小麦粉。お菓子作り、天ぷらの衣などに。

大さじ1
目安量
9g
31 kcal

1カップ
目安量
110g
384 kcal

小麦粉（全粒粉）

胚芽、ふすまがついたままの小麦を粉にしたもの。白い小麦粉よりもミネラルなどが多い。

大さじ1
目安量
9g
29 kcal

1カップ
目安量
100g
320 kcal

ホットケーキミックス

小麦粉がベース。これに卵と牛乳を加えて焼けば、ホットケーキに。

1カップ
目安量
110g
396 kcal

天ぷら粉

小麦粉がベース。水を加えて混ぜれば、天ぷら衣が簡単に作れる。

大さじ1
目安量
9g
30 kcal

1カップ
目安量
110g
371 kcal

かたくり粉

主に、じゃが芋のでんぷんを精製した調理用の粉。料理のとろみづけに使う。

大さじ1
目安量
9g
30 kcal

小さじ1
目安量
3g
10 kcal

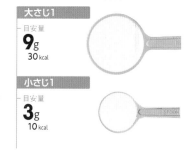

上新粉

米粉ともいう。団子や草もちなど、和菓子作りによく使われる。

1カップ
目安量
130g
446 kcal

大さじ1
目安量
9g 31 kcal

白玉粉

もち米を加工した粉。水を加えてこね、ゆでることで白玉団子に。

1カップ
目安量
120g
416 kcal

大さじ1 目安量**9**g 31 kcal

コーンスターチ

原料はとうもろこし。お菓子作りのほか、スープなどのとろみつけなどに。

大さじ1
目安量
6g
22 kcal

小さじ1 目安量**2**g 7 kcal
1カップ 目安量**100**g 363 kcal

オートミール

えんばくを、押しつぶすかカットした加工品。食物繊維が豊富。

1カップ

目安量
80g
280 kcal

大さじ1 目安量 **6**g 21 kcal

ギョーザの皮

1袋に入っている枚数は商品によって異なるが、おおよそ25枚前後。

1枚

目安量
4g
11 kcal

直径8〜9cm

春巻きの皮1枚(20cm四方) 目安量 **12**g 35 kcal

シューマイの皮

原料はギョーザの皮と同じだが、それよりも薄めに作られている。

1枚

目安量
3g
8 kcal

8cm四方

ピザ台(ピザ生地)

小麦粉に、水、塩、イースト菌などを加えて練ったもの。

1枚

目安量
100g
265 kcal

直径約20cm

コーンフレーク(プレーン)

とうもろこしを加熱調理したもの。砂糖などで味つけをしたものもある。

1カップ

目安量
30g
114 kcal

ふ(釜焼きふ・小町ふ)

小麦のたんぱく質であるグルテンを焼いて乾燥させたもの。

1個

目安量
0.7g
2 kcal

小町ふ(1個) 目安量 **0.7**g 2 kcal

ふ(板ふ)

小麦のたんぱく質であるグルテンを薄くのばして焼いたもの。庄内ふの名でも知られる。

1枚

目安量
16g
56 kcal

乾物・塩蔵品のもどし率

乾物、塩蔵品は、もどすと何倍にも増えるものがあります。それぞれのもどし率を知っておくと、もどしすぎを防げるでしょう。
また、レシピの分量表記が乾物の状態なのか、もどした状態なのかを確認することも大事です。

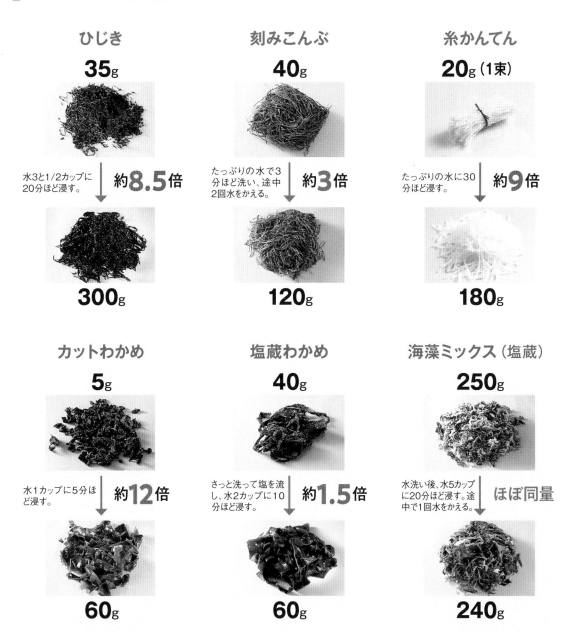

ひじき
35g

水3と1/2カップに
20分ほど浸す。　→　約**8.5**倍

300g

刻みこんぶ
40g

たっぷりの水で3
分ほど洗い、途中
2回水をかえる。　→　約**3**倍

120g

糸かんてん
20g（1束）

たっぷりの水に30
分ほど浸す。　→　約**9**倍

180g

カットわかめ
5g

水1カップに5分ほ
ど浸す。　→　約**12**倍

60g

塩蔵わかめ
40g

さっと洗って塩を流
し、水2カップに10
分ほど浸す。　→　約**1.5**倍

60g

海藻ミックス（塩蔵）
250g

水洗い後、水5カップ
に20分ほど浸す。途
中で1回水をかえる。　ほぼ同量

240g

干ししいたけ（香信）

8g

さっと水洗い後、ひ
たひたの水1カップ
に5〜6時間浸す。

約**4**倍

＊冬菇の場合は約4.5倍

30g

切り干し大根

50g

さっと水洗い後、ひ
たひたの水1Lに15
分ほど浸す。

約**4**倍

200g

かんぴょう

15g

水洗い後、水1Lに
入れて爪で切れるま
でゆでる。

約**5.3**倍

80g

きくらげ

3g

ひたひたの水1/2
カップに20分ほど
浸す。

約**7**倍

20g

大豆

150g

水洗い後、豆の4倍
容量の水4カップに
1晩浸す。

約**2.5**倍

380g

あずき

160g

豆の3倍容量の水に
12〜16時間浸し、も
どした豆の重量の2倍
量の水でゆでる。

約**2.3**倍

370g

白花豆
160g

豆の3倍容量の水に
12～16時間浸し、もどした豆の重量の2倍
量の水でゆでる。 ↓ 約**2.2**倍

350g

凍り豆腐
63g（4枚）

60℃の湯1Lに浸して25分ほどおく。水
にとり、押し絞る。 ↓ 約**6**倍

380g

平湯葉
9g（2枚）

水2カップに3分ほど
浸す。または、ぬれぶ
きんに10分ほどはさ
む。 ↓ 約**3**倍

25g

干しそば
400g

めんの10倍の沸騰
湯でゆでる。 ↓ 約**2.6**倍

1040g

干しうどん
200g（小2束）

めんの10倍の沸騰
湯でゆでる。 ↓ 約**2.6**倍

520g

はるさめ（緑豆）
100g

めんの15倍の沸騰湯
でゆで、水にとって冷
やし、水きりをする。 ↓ 約**4.4**倍

440g

スパゲッティ
300g

めんの20倍の1.5%
塩分の沸騰湯でゆで
る。 ↓ 約**2.2**倍
＊マカロニも同様

660g

中華めん（生）
110g（1玉）

めんの10倍の沸騰
湯でゆでる。 ↓ 約**1.9**倍

210g

焼きふ（小町ふ）
5g（12個）

水に5分ほど浸す。 ↓ 約**13**倍

65g

調味料の重量と容量

調味料の計量は、味つけのためはもちろん、塩分や糖分のとりすぎを予防するという目的もあります。
正確な計量のポイントを覚えましょう。

重量を計る

計量の基本は、スケールを使って重量を計ること。野菜、肉、魚などの重さを計り、お菓子やパン作りでは粉類などを正確に計る。料理作りを助け、食べすぎ防止に役立つ。スケールは平らな場所に置き、皿やボウルを置いてゼロにリセットし、食材をのせる。

粉ものを計る

大さじ・小さじ1

ふんわりと山盛りにすくい、すりきり用のへらを垂直に立てて平らにすりきる。

大さじ・小さじ1/2

ふんわりと山盛りにすくい、すりきり用のへらを垂直に立てて平らにすりきる。次にへらの曲線部分（大さじ、小さじのサイズに合ったほうを選ぶ）を真ん中に垂直に立て、半分を払い除く。1/4はさらに半分を払えばよい。

よくない計り方の例

すりきるときにへらをねかせて使ったり、小さじ1/2を計るときに大さじ用の曲線部分を使って払ったりすると、正確に計量できない。

液体を計る

カップ

カップは平らな場所に置き、液体を注ぐ。1カップ計るときは表面が盛り上がるくらい注ぎ入れる。1/2カップの場合は、カップの内側にある目盛りの100mLの線まで注ぐ。1/3カップは約70mL、2/3カップは約140mLなので、それぞれの線まで注ぎ入れる。

大さじ・小さじ1

スプーンを水平に持ち、液体を表面が盛り上がるくらいまで注ぐ。

大さじ・小さじ1/2

スプーンを水平に持ち、液体を深さの2/3まで注ぎ入れる。

column

容量と重量は何が違う？

調味料などの計量で起こりがちな、容量と重量の混同。しょうゆ、サラダ油の大さじ1の容量はどちらも15mLだが、重量はしょうゆが18g、サラダ油は12gと異なる。また、砂糖30gをスプーンで計りとるには、砂糖大さじ1は9gなので、30gは大さじ3と1/3。塩分や糖分のとりすぎに注意している場合は、特に気をつけて。

基本調味料とだし汁

料理を作るときに、欠かせないのが基本の調味料とだし汁。
それぞれの特徴と種類を知り、上手に使いこなしましょう。

しょうゆ

発酵によって生まれる複雑な味や香りがある

しょうゆは、大豆、小麦、塩を発酵熟成して作られます。塩味だけでなく、うま味、甘味、酸味、コクがあり、香りも特徴的です。味つけ、香りづけ、色づけに使うほか、焼くことで得られる香ばしさも魅力。また、臭みをとったり、水分を抜いて保存性を高めたりする働きもあります。

●種類
濃い口しょうゆ／うす口しょうゆ／刺し身じょうゆ／白しょうゆ／減塩しょうゆ

塩

酸味をやわらげ、味を強める

海水や岩塩から作られ、製法や産地によって塩分、ミネラル分に差があり、味わいが違います。塩味をつけるほか、酸味をやわらげたり、食材のうま味をおいしさに変えるのも大きな役割。また、水分を抜く、貝の砂を抜く、臭みやぬめりをとるなどの下処理にも活躍します。

●種類
食塩／自然海塩（あら塩）／精製塩／岩塩

酢

酸味をつけ、塩味をやわらかくする

穀物や果実などを発酵させて作られます。酸味をつけ、塩味をやわらげるほか、食材を殺菌する効果で保存食作りにも役立ちます。さらに、アクを抜いて食材の変色を防ぐ、魚の臭みをとってたんぱく質を凝固させるなど、味つけ以外にも多くの用途があります。

●種類
米酢／穀物酢／黒酢／果実酢／バルサミコ酢／梅酢

砂糖

甘味をつけ、加熱により香ばしさや照り・つやを出す

さとうきびや甜菜を絞り、結晶化させて作られます。味つけでは、甘味づけはもちろん、加熱することで得られる香ばしさも魅力。さらに、料理に照りつやを出したり、食品の水分を保ち、保存性を高めるなど、いろいろな働きをします。

●種類
上白糖／三温糖／黒砂糖

みりん

コクや照り・つやをつけ、甘味を加える

米を発酵させて焼酎などを加え、熟成させて作られます。料理に甘味、コクをつけるほか、照りつやが期待されます。アルコール分が高いので、加熱して使うのが一般的。たれ、合わせ酢などに使うときは、煮きり（いったん煮立たせてアルコール分をとばす）をします。

●種類
本みりん／みりん風調味料

みそ

発酵食品の香りとうま味。消臭効果もあり

大豆、米、麦、塩を発酵熟成させて作られます。原材料の割合や製法、産地により、味わいや色に個性があります。塩味、うま味などの味のほか、熟成された香り、香ばしさも魅力。また、魚のにおいをカバーする働きがあり、これをマスキング効果といいます。

●種類
淡色辛みそ／赤色辛みそ／白みそ／赤みそ／麦みそ／減塩みそ

基本のだしのとり方

こんぶ＆カツオ節だし

材料と作り方
こんぶ8g（3×10cmを2枚）を乾いたふきんでふき、水720mLにつけ、10分ほどおく。弱火で5〜6分煮て、沸騰し始めたらカツオ節16gを入れ、30秒〜1分静かに沸騰を続け、火を止める。3分ほどおいて、こす。

1カップ（200g）4kcal
塩分量0.2g／糖分量微量

煮干しだし

材料と作り方
煮干しは身を割って頭をとり、黒っぽくなっていたら内臓もとり、20g用意する。なべに水720mLといっしょに入れて弱火にかけ、7〜8分かけて沸騰させる。さらに7〜8分静かに沸騰を続け、火を止めてこす。

1カップ（200g）2kcal
塩分量0.2g／糖分量微量

調味料の重量と塩分量、糖分量

調味料によって重さが違うため、容量のmLから重さに換算する場合の目安を知りましょう。
大さじ、小さじの塩分量、糖分量を把握しておくと、生活習慣病予防にもなります。

塩

精製塩

▶大さじ1
18g(0kcal)
塩分量 **17.9g**
糖分量 **0g**

▶小さじ1
6g(0kcal)
塩分量 **6.0g**
糖分量 **0g**

▶ミニスプーン
1.2g(0kcal)
塩分量 **1.2g**
糖分量 **0g**

▶1カップ　**240g**(0kcal)
塩分量 **239.0g** ／ 糖分量 **0g**

天然塩

▶大さじ1
15g(0kcal)
塩分量 **14.6g**
糖分量 **0g**

▶小さじ1
5g(0kcal)
塩分量 **4.9g**
糖分量 **0g**

▶ミニスプーン
1g(0kcal)
塩分量 **1.0g**
糖分量 **0g**

▶1カップ　**180g**(0kcal)
塩分量 **175.1g** ／ 糖分量 **0g**

砂糖

砂糖

▶大さじ1
9g(35kcal)
塩分量 **0g**
糖分量 **8.9g**

▶小さじ1
3g(12kcal)
塩分量 **0g**
糖分量 **3.0g**

▶1カップ
130g(508kcal)
塩分量 **0g**
糖分量 **129.1g**

黒砂糖

▶大さじ1
9g(32kcal)
塩分量 **0g**
糖分量 **8.2g**

▶小さじ1　**3g**(11kcal)
塩分量 **0g** ／ 糖分量 **2.7g**

グラニュー糖

▶大さじ1
12g(47kcal)
塩分量 **0g**
糖分量 **12.0g**

▶小さじ1　**4g**(16kcal)
塩分量 **0g** ／ 糖分量 **4.0g**

みりん

みりん

▶大さじ1
18g(43kcal)
塩分量 **0g**
糖分量 **7.8g**

▶小さじ1
6g(14kcal)
塩分量 **0g**
糖分量 **2.6g**

角砂糖

▶1個
4g(16kcal)
塩分量 **0g**
糖分量 **4.0g**

はちみつ

はちみつ

▶大さじ1
21g(69kcal)
塩分量 **0g**
糖分量 **17.2g**

▶小さじ1　**7g**(23kcal)
塩分量 **0g** ／ 糖分量 **5.7g**

memo

みりんがないときは

みりんがないときは、砂糖と酒で代用できます。みりん小さじ1＝砂糖小さじ1/3＋酒小さじ1となります。

濃い口しょうゆ

▶大さじ1
18g(14kcal)
塩分量 **2.6g**
糖分量 **1.4g**

▶小さじ1
6g(5kcal)
塩分量 **0.9g**
糖分量 **0.5g**

▶ミニスプーン　**1.2g**(1kcal)
塩分量 **0.2g** ／ 糖分量 **0.1g**

▶1カップ　**230g**(177kcal)
塩分量 **33.4g** ／ 糖分量 **18.2g**

うす口しょうゆ

▶大さじ1
18g(11kcal)
塩分量 **2.9g**
糖分量 **1.0g**

▶小さじ1
6g(4kcal)
塩分量 **1.0g**
糖分量 **0.3g**

▶ミニスプーン　**1.2g**(1kcal)
塩分量 **0.2g** ／ 糖分量 **0.1g**

▶1カップ　**230g**(138kcal)
塩分量 **36.8g** ／ 糖分量 **13.3g**

減塩しょうゆ

▶大さじ1
18g(12kcal)
塩分量 **1.5g**
糖分量 **1.6g**

▶小さじ1
6g(4kcal)
塩分量 **0.5g**
糖分量 **0.5g**

▶ミニスプーン　**1.2g**(1kcal)
塩分量 **0.1g** ／ 糖分量 **0.1g**

ナムプラー

▶大さじ1
18g(9kcal)
塩分量 **4.4g**
糖分量 **0.5g**

▶小さじ1　**6g**(3kcal)
塩分量 **1.4g** ／ 糖分量 **0.2g**

淡色辛みそ

▶大さじ1
18g(33kcal)
塩分量 **2.2g**
糖分量 **3.9g**

▶小さじ1　**6g**(11kcal)
塩分量 **0.7g** ／ 糖分量 **1.3g**

▶1カップ　**230g**(419kcal)
塩分量 **28.5g** ／ 糖分量 **50.4g**

赤色辛みそ

▶大さじ1
18g(32kcal)
塩分量 **2.3g**
糖分量 **3.8g**

▶小さじ1　**6g**(11kcal)
塩分量 **0.8g** ／ 糖分量 **1.3g**

▶1カップ　**230g**(409kcal)
塩分量 **29.9g** ／ 糖分量 **48.5g**

麦みそ

▶大さじ1
18g(33kcal)
塩分量 **1.9g**
糖分量 **5.4g**

▶小さじ1　**6g**(11kcal)
塩分量 **0.6g** ／ 糖分量 **1.8g**

▶1カップ　**250g**(460kcal)
塩分量 **26.8g** ／ 糖分量 **75.0g**

豆みそ

▶大さじ1
18g(37kcal)
塩分量 **2.0g**
糖分量 **2.6g**

▶小さじ1　**6g**(12kcal)
塩分量 **0.7g** ／ 糖分量 **0.9g**

▶1カップ　**240g**(497kcal)
塩分量 **26.2g** ／ 糖分量 **34.8g**

減塩みそ

▶大さじ1
18g(34kcal)
塩分量 **1.9g**
糖分量 **4.6g**

▶小さじ1　**6g**(11kcal)
塩分量 **0.6g** ／ 糖分量 **1.5g**

ジャン

コチュジャン

▶大さじ1
21g（53kcal）
塩分量 1.5g
糖分量 10.9g

▶小さじ1　7g（18kcal）
塩分量 0.5g ／ 糖分量 3.6g

豆板醤

▶大さじ1
21g（10kcal）
塩分量 3.7g
糖分量 1.7g

▶小さじ1　7g（3kcal）
塩分量 1.2g ／ 糖分量 0.6g

甜麺醤

▶大さじ1
21g（52kcal）
塩分量 1.5g
糖分量 8.0g

▶小さじ1　7g（17kcal）
塩分量 0.5g ／ 糖分量 2.7g

酢

穀物酢

▶小さじ1
5g（2kcal）
塩分量 0g
糖分量 0.1g

▶大さじ1　15g（6kcal）
塩分量 0g ／ 糖分量 0.4g

▶1カップ　200g（74kcal）
塩分量 0g ／ 糖分量 4.8g

黒酢

▶小さじ1
5g（3kcal）
塩分量 Tr
糖分量 0.5g

▶大さじ1　15g（10kcal）
塩分量 Tr ／ 糖分量 1.4g

▶1カップ　220g（145kcal）
塩分量 Tr ／ 糖分量 19.8g

バルサミコ酢

▶小さじ1
6g（7kcal）
塩分量 0g
糖分量 1.2g

▶大さじ1　18g（21kcal）
塩分量 0g ／ 糖分量 3.5g

▶1カップ　240g（278kcal）
塩分量 0.2g ／ 糖分量 46.6g

すし酢（ちらし・いなり用）

▶小さじ1
6g（10kcal）
塩分量 0.4g
糖分量 2.1g

▶大さじ1　18g（29kcal）
塩分量 1.2g ／ 糖分量 3.0g

▶1カップ　240g（382kcal）
塩分量 15.6g ／ 糖分量 83.8g

ソース・ドレッシング・たれ

オイスターソース（カキ油）

▶大さじ1
18g（19kcal）
塩分量 2.1g
糖分量 3.3g

▶小さじ1　6g（6kcal）
塩分量 0.7g ／ 糖分量 1.1g

お好み焼きソース

▶大さじ1
21g（31kcal）
塩分量 1.0g
糖分量 7.1g

▶小さじ1　7g（10kcal）
塩分量 0.3g ／ 糖分量 2.4g

ウスターソース

▶大さじ1
18g（22kcal）
塩分量 1.5g
糖分量 4.9g

▶小さじ1　6g（7kcal）
塩分量 0.5g ／ 糖分量 1.6g

▶1カップ　240g（293kcal）
塩分量 20.4g ／ 糖分量 65.0g

中濃ソース

▶大さじ1
21g（28kcal）
塩分量 1.2g
糖分量 6.5g

▶小さじ1　7g（9kcal）
塩分量 0.4g ／ 糖分量 2.2g

濃厚ソース

▶大さじ1
18g（23kcal）
塩分量 1.0g
糖分量 5.6g

▶小さじ1　6g（8kcal）
塩分量 0.3g ／ 糖分量 1.9g

▶1カップ　250g（333kcal）
塩分量 14.0g ／ 糖分量 77.3g

トマトケチャップ

▶大さじ1
18g（19kcal）
塩分量 0.6g
糖分量 5.0g

▶小さじ1　6g（6kcal）
塩分量 0.2g ／ 糖分量 1.7g

▶1カップ　240g（254kcal）
塩分量 7.4g ／ 糖分量 66.2g

トマトピューレ

▶大さじ1
18g（8kcal）
塩分量 Tr
糖分量 1.8g

▶1カップ　230g（101kcal）
塩分量 Tr ／ 糖分量 22.8g

めんつゆ（ストレート）

▶大さじ1
18g（8kcal）
塩分量 0.6g
糖分量 1.6g

▶小さじ1　6g（3kcal）
塩分量 0.2g ／ 糖分量 0.5g

▶1カップ　230g（101kcal）
塩分量 7.6g ／ 糖分量 20.0g

めんつゆ（3倍希釈用タイプ）

▶大さじ1
21g（18kcal）
塩分量 2.1g
糖分量 4.2g

▶小さじ1　7g（7kcal）
塩分量 0.7g ／ 糖分量 1.4g

▶1カップ　240g（235kcal）
塩分量 23.8g ／ 糖分量 48.0g

ポン酢しょうゆ

▶大さじ1
18g（11kcal）
塩分量 1.4g
糖分量 1.9g

▶小さじ1　6g（4kcal）
塩分量 0.5g ／ 糖分量 0.6g

料理酒

▶大さじ1
15g（13kcal）
塩分量 0.3g
糖分量 0.7g

▶小さじ1　5g（4kcal）
塩分量 0.1g ／ 糖分量 0.2g

フレンチドレッシング

▶大さじ1
15g（50kcal）
塩分量 0.9g
糖分量 1.9g

▶小さじ1　5g（17kcal）
塩分量 0.3g ／ 糖分量 0.6g

中華風ドレッシング

▶大さじ1
15g（36kcal）
塩分量 0.8g
糖分量 1.8g

▶小さじ1　5g（12kcal）
塩分量 0.3g ／ 糖分量 0.6g

和風ドレッシング（オイル入り）

▶大さじ1
18g（33kcal）
塩分量 0.6g
糖分量 1.7g

▶小さじ1　6g（11kcal）
塩分量 0.2g ／ 糖分量 0.6g

サウザンアイランドドレッシング

▶大さじ1
15g（59kcal）
塩分量 0.5g
糖分量 1.9g

▶小さじ1　5g（20kcal）
塩分量 0.2g ／ 糖分量 0.6g

ごまドレッシング

▶大さじ1
15g（60kcal）
塩分量 0.7g
糖分量 2.3g

▶小さじ1　5g（20kcal）
塩分量 0.2g ／ 糖分量 0.8g

マヨネーズ

▶大さじ1
12g（80kcal）
塩分量 0.2g
糖分量 0.4g

▶小さじ1　4g（27kcal）
塩分量 0.1g ／ 糖分量 0.1g

焼き肉のたれ

▶大さじ1
18g（30kcal）
塩分量 1.5g
糖分量 5.8g

▶小さじ1　6g（10kcal）
塩分量 0.5g ／ 糖分量 1.9g

ごまだれ

▶大さじ1
18g（51kcal）
塩分量 0.8g
糖分量 5.3g

▶小さじ1　6g（17kcal）
塩分量 0.3g ／ 糖分量 1.7g

油脂

サラダ油（調合油〈菜種油1：大豆油1〉）

▶小さじ1
4g（35kcal）
塩分量 0g
糖分量 0g

▶大さじ1　12g（106kcal）
塩分量 0g ／ 糖分量 0g

オリーブ油

▶小さじ1
4g（36kcal）
塩分量 0g
糖分量 0g

▶大さじ1　12g（107kcal）
塩分量 0g ／ 糖分量 0g

ごま油

▶小さじ1
4g（36kcal）
塩分量 0g
糖分量 0g

▶大さじ1　12g（107kcal）
塩分量 0g ／ 糖分量 0g

バター（有塩）

▶小さじ1
4g（28kcal）
塩分量 0.1g
糖分量 0g

▶大さじ1　12g（84kcal）
塩分量 0.2g ／ 糖分量 0g

だし

顆粒和風だし

▶大さじ1
9g（20kcal）
塩分量 3.7g
糖分量 2.8g

顆粒中華だし

▶小さじ1
3g（6kcal）
塩分量 1.4g
糖分量 1.1g

▶大さじ1　9g（19kcal）
塩分量 4.3g ／ 糖分量 3.3g

固形ブイヨン（スープのもと）

▶大1個
5.3g（12kcal）
塩分量 2.3g
糖分量 2.2g

▶小1個
4g（9kcal）
塩分量 1.7g
糖分量 1.7g

香辛料

カレー粉

▶小さじ1
2g（7kcal）
塩分量 0g
糖分量 1.3g

▶大さじ1　6g（20kcal）
塩分量 0g ／ 糖分量 3.8g

粒入りマスタード

▶小さじ1
5g（11kcal）
塩分量 0.2g
糖分量 0.6g

▶大さじ1　15g（34kcal）
塩分量 0.6g ／ 糖分量 1.9g

からし（練り）

▶小さじ1
5g（16kcal）
塩分量 0.4g
糖分量 2.0g

わさび（練り）

▶小さじ1
5g（13kcal）
塩分量 0.3g
糖分量 2.0g

味つけは
下味と
調味の2種類

料理のでき上がりを決める味つけ。
どのプロセスで味つけするか、
どんな調味料を使うか、
どう組み合わせるかで仕上がりに差が出ます。
基本となるポイントを覚えましょう。

下味の役割

生の肉や魚に あらかじめ 調味料などで 味つけをする

下味は、調理の下準備として肉や魚、芋や野菜に塩、スパイス、酒などをまぶすこと。魚では身をひきしめたり、うま味を引きたてます。野菜では水分が引き出され、アクがぬける効果があります。また、きちんと下味をすることで、料理全体の味つけ（調味）が決まりやすくなります。たとえば、複数の食材を最後に合わせる料理（ポテトサラダなど）は、仕上げに調味しても味がぼんやりし、何を足しても決まらないことがあります。

調味の役割

料理での調味は、 塩味・甘味・酸味で 構成されている

料理全体の味つけ＝調味は、塩やしょうゆだけというシンプルなものもあれば、さまざまな調味料を組み合わせて複雑な味を作ることもあります。このように調味には無限のバリエーションがあるといえますが、その基本は塩味、甘味、酸味の3つで構成されています。塩味のおもな調味料は、塩、しょうゆ、みそなど。甘味のおもな調味料は、砂糖、みりん、はちみつなど。酸味は食酢や果実酢など。これらを加減し、組み合わせて調味のベースを作り、さらに香りづけをしたりしていくことで、1つ1つの料理に個性が生まれてくるのです。

下味の種類

料理に合わせた下味をすることで、料理の仕上がりがランクアップ。
代表的な下味の意味とポイントを紹介します。

塩+こしょう

ソテー、ムニエル、フライ、煮込み料理など、多くの料理に適したもっとも基本的な下味。塩は肉や魚のうま味を引き出して味のベースを作り、こしょうは味を引きしめるとともに臭みをカバーする。下味をする前に、食材を室温に戻しておくとよい。

塩

魚を焼くときは、焼く20分前くらい、あるいは直前に塩をふる。魚の両面に塩をまんべんなくふっておくことで、余分な水分が抜けて身がしまり、焼き色がつきやすくなる。ゆで豚の場合も、肉に塩をまぶしてしばらくねかせるとよい。

しょうゆ+酒

鶏のから揚げ、牛肉のいため物などに適した下味。しょうゆが塩味のベースを作り、酒が肉の臭みを消してやわらかくする効果がある。調味料は単にふりかけるだけでは効果が薄いので、肉にもみ込むとよい。好みでしょうが、にんにくなどの香味野菜を加える。

塩+酒

淡泊な味の食材に向く下味。鶏肉、タラの切り身、エビ、ホタテなどに適している。塩が余分な水分を抜いてうま味、甘味が濃縮され、酒が臭みを消す。また、食材の色を生かしたい料理にもよい。

下味+卵白+かたくり粉+サラダ油

中華料理のいため物によく使う。まず、食材に塩、しょうゆ、酒などで下味をつけ、そのあと卵白、かたくり粉、サラダ油をもみ込む。これらが食材の表面に薄い膜を作り、うま味を閉じ込め、口当たりをよくする効果を生む。

column

芋は熱いうちに下味をつける

ポテトサラダなどでは、芋をゆでたら熱いうちに塩、こしょう、酢、油などをからめておく。ゆでた直後の芋は、でんぷんが膨らんですきまができている状態なので、味が入りやすく、よくなじむ。

覚えておくと便利な
調味パーセント

食材に対して塩や砂糖をどれくらいの割合で使うかを示す調味パーセント。
覚えておくと、食材の重さが変わっても一定の味つけをすることができます。

$$調味パーセント（\%） = \frac{調味料の重量（g）}{材料の重量（g）} \times 100$$

調味パーセントは、食材の重量に対して調味料（おもに塩分、糖分）をどのくらいの割合で使うかを示したもので、上記の計算式で求めることができます。また、塩分と糖分以外にも酢、油、かたくり粉などのパーセントがわかれば、合わせ酢、ソースなども簡単に作れます。よく作る料理の調味パーセントは、標準的な基準値がわかっています（下表）。初めて作る料理は、まずこの基準値で作り、味をみて好みに合わせて加減するとよいでしょう。

おいしい塩分&糖分の調味パーセント

種類	料理名	塩分（%）	糖分（%）
ごはん	炊き込みごはん（米）	1.5	－
ごはん	すし飯（米）	1〜1.5	2〜5
汁物	スープ（だし）	0.2〜0.5	－
汁物	みそ汁（だし）	0.6〜0.8	－
汁物	すまし汁（だし）	0.5〜0.7	－
汁物	けんちん汁（だし）	0.6〜0.7	－
焼き物	魚の塩焼き（一尾魚）	1〜3	
焼き物	魚のムニエル（魚）	0.5〜1	
焼き物	豚肉のくわ焼き（肉）	1〜1.5	2
焼き物	ハンバーグ（全材料）	0.4〜0.6	
いため物	チャーハン（飯）	0.5〜0.8	
いため物	野菜いため（全材料）	0.5〜1	
いため物	いんげんソテー（野菜）	1〜1.2	0.5

種類	料理名	塩分（%）	糖分（%）
煮物	魚の煮つけ（魚）	1.5〜2	2〜7
煮物	サバのみそ煮（魚）	1.2〜2	6〜8
煮物	いり鶏（全材料）	1.0〜1.2	4〜6
煮物	青菜の煮浸し（青菜）	0.8	1
煮物	里芋の煮物（芋）	0.8〜1.2	4〜6
煮物	肉じゃが（全材料）	1.2〜1.5	4〜5
煮物	かぼちゃの煮物（野菜）	0.8〜1.0	5〜7
煮物	さつま芋の甘煮（芋）	0.2〜0.3	8〜10
煮物	乾物の煮物（もどした材料）	1〜1.5	4〜15
お浸し・あえ物	お浸し（材料）	0.8〜1	－
お浸し・あえ物	ぬた（材料）	1〜1.2	4〜5
お浸し・あえ物	グリーンサラダ（全材料）	0.5	－
お浸し・あえ物	野菜の即席漬け（材料）	1.5〜2	－

松本仲子、女子栄養大学調理学研究室・調理科学研究室

●調味パーセント(%)を使って調味料の必要量を求めてみましょう

$$調味料の重量（g）＝材料の重量（g）×\frac{調味パーセント（\%）}{100}$$

調味に使う塩分、糖分の量は、上記の計算式で求めます。食材の重量は正味量なので、下処理したもの、乾物はもどしたものの重さを計ります（魚は骨などが含まれるので正味量でなくてよい）。ただし、煮物などのだしは食材の重さに含めません（おでん、汁物はだしの量に対する調味パーセントになる）。また、塩分パーセントがわかっても、みそ、しょうゆを使うときは塩分換算が必要です。糖分も同じで、みりんなどは糖分換算します。

●しょうゆ、みそ、みりんの塩分、糖分を換算してみましょう

塩、砂糖以外の調味料で調味するときは、作る料理の調味パーセントから必要な塩分、糖分を計算し、それを満たす調味料の量を計算します。たとえば、みそ汁の調味パーセントを塩分0.6%とすれば、2人分のだし汁300mLの0.6%、すなわち1.8gが塩分となります。換算表（下表）でみその塩分をみると、淡色辛みそ小さじ1の塩分は0.7gなので、小さじ2強を使えば塩分が約1.8gになるとわかります。

計量カップ、スプーンによる調味料の重量および塩分・糖分換算表

	種類	小さじ1(5mL)	大さじ1(15mL)	1カップ(200mL)
重量＝塩分・糖分	あら塩（並塩）	5g＝塩分5g	15g＝塩分15g	180g＝塩分180g
	食塩	6g＝塩分6g	18g＝塩分18g	240g＝塩分240g
	精製塩	6g＝塩分6g	18g＝塩分18g	240g＝塩分240g
	上白糖	3g＝糖分3g	9g＝糖分9g	130g＝糖分129g
	ざらめ糖	5g＝糖分5g	15g＝糖分15g	200g＝糖分200g
	グラニュー糖	4g＝糖分4g	12g＝糖分12g	180g＝糖分180g
重量より換算した塩分・糖分	濃い口しょうゆ（塩分15%）	6g⇒塩分1g[*1]	18g⇒塩分3g[*1]	230g⇒塩分35g[*1]
	うす口しょうゆ（塩分16%）	6g⇒塩分1g[*2]	18g⇒塩分3g[*2]	230g⇒塩分35g[*2]
	減塩しょうゆ（塩分8%）	6g⇒塩分0.5g	18g⇒塩分1.4g	230g⇒塩分18g
	淡色辛みそ（塩分12%）	6g⇒塩分0.7g	18g⇒塩分2.2g	230g⇒塩分28g
	西京白みそ（塩分6%）	6g⇒塩分0.4g	18g⇒塩分1.1g	230g⇒塩分14g
	ウスターソース（塩分8%）	6g⇒塩分0.5g	18g⇒塩分1.4g	240g⇒塩分19g
	トマトケチャップ（塩分3%）	6g⇒塩分0.2g	18g⇒塩分0.5g	240g⇒塩分7g
	マヨネーズ（塩分2%）	4g⇒塩分0.1g	12g⇒塩分0.2g	190g⇒塩分4g
	有塩バター（塩分2%）	4g⇒塩分0.1g	12g⇒塩分0.2g	180g⇒塩分4g
	みりん[*3]	6g⇒糖分2g	18g⇒糖分6g	230g⇒糖分76g

*1　実際に使いやすい重量。成分値から算出すると、小さじ1の塩分は0.9g（約1g）、大さじ1は2.7g（約3g）、1カップは34.5g。
*2　実際に使いやすい重量。成分値から算出すると、小さじ1の塩分は0.96g（約1g）、大さじ1は2.88g（約3g）、1カップは36.8g。
*3　成分値（糖質43.2g／100g）から算出すると、小さじ1（6g）の糖分は2.6gだが、みりん中の糖は主としてブドウ糖で甘味が弱いため、小さじ1の糖分を2gとする。

実際に計算してみましょう！

塩分や糖分の量を調味パーセントで計算したら、換算表で調味料の量を調べます。おなじみの和食メニューで練習しましょう。

❶ アジの塩焼き
塩の重量を計算しよう

材料（2人分）
アジ（ぜいご、エラ、内臓を除いたもの）
　………正味150gを2尾
塩 …………小さじ□（□g）

魚の塩焼き
調味パーセント（%）
2%

まず、下処理したアジの正味量を計ります。正味量に対する調味パーセントは2%なので、塩分は6g必要となります。調味料は塩ですから、塩分6gを満たす塩の重量は6g。これを容量にするとちょうど小さじ1となります。

アジの重量	調味パーセント	塩の重量

$$300g \times \frac{2}{100} = 6g \quad \cdots\cdots\blacktriangleright \quad \text{塩の容量 小さじ1}$$

❷ 豆腐のみそ汁
みその重量を計算しよう

材料（2人分）
だし汁…1と1/2カップ（300g）
絹ごし豆腐………100g
みそ………□g

みそ汁
調味パーセント（%）
0.6%

みそ汁は、使うみそによって塩分濃度が違うことに注意が必要。食品成分表で塩分を調べてから計算しましょう。また、調味パーセントはだし汁に対しての割合なので、具の豆腐は含めずに計算し、必要な塩分を出します。

だしの重量	調味パーセント	塩の重量

$$300g \times \frac{0.6}{100} = 1.8g$$

塩分12%のみそを使う場合
塩分1gに相当するみその重量は

$$\frac{100}{12} ≒ 8.3g$$

塩の重量	塩分1gあたりのみその重量	みits重量

$$1.8g \times 8.3g ≒ 15g \quad \cdots\cdots\blacktriangleright \quad \text{みその容量 大さじ1弱}$$

❸ かぼちゃの煮物
しょうゆ、砂糖、みりんの重量を計算しよう

材料（2人分）
かぼちゃ………300g
だし汁…1と1/2カップ（300g）
しょうゆ………大さじ□（□g）
砂糖………大さじ□（□g）
みりん………大さじ□（□g）

かぼちゃの煮物
調味パーセント（%）
塩分：**0.8%**
糖分：**7%**

甘辛い煮物なので、調味パーセントは塩分、糖分に分けて計算します。塩分は0.8%で塩分量は2.4g、これを満たすしょうゆの量を換算します。また、糖分は7%なので糖分量は21g。砂糖だけを使う場合は、上白糖だけであれば21gとなります。
つや出しにみりんも併用する場合は、砂糖大さじ1（9g）を使って甘味づけとし、残り12gの糖分をみりん（糖分43％）で換算すると、大さじ2（36g）となります。

塩の重量

かぼちゃの重量	調味パーセント（塩分）		塩の重量
300g	×	$\dfrac{0.8}{100}$	= **2.4g**

しょうゆの重量

塩の重量	塩1gあたりのしょうゆの重量		しょうゆの重量	
2.4g	×	$\dfrac{100}{15}$	≒ **16g**	……▶ しょうゆの容量 **大さじ1弱**

砂糖の重量

かぼちゃの重量	調味パーセント（糖分）		砂糖の重量	
300g	×	$\dfrac{7}{100}$	= **21g**	→ 砂糖分9g → みりん分12g

砂糖の分

砂糖の重量	
9g	……▶ 砂糖の容量 **大さじ1**

＋

みりんの分

砂糖をみりんに換算するには3倍量にする必要があるので

砂糖の重量	糖分1gあたりのみりんの重量	みりんの重量	
12g	× **3**	= **36g**	……▶ みりんの容量 **大さじ2**

1人分の料理に使う食品群別食品の目安量

食品に含まれる栄養素の特徴によって、食品を分類した食品群について、
1人分の料理に使う食品の目安量を紹介します。献立作成の際の参考にしましょう。

	10g以下	10～30g	30～50g	50～70g	70～100g	100～150g	150～200g
乳	スパゲッティの粉チーズ	チーズ1切れ、クリーム煮の牛乳	コーンスープの牛乳、ミルクティーの牛乳		ヨーグルト、ホワイトソース		1杯の牛乳
卵		かきたま汁、卵とじ、チャーハンの卵、茶わん蒸し		卵豆腐、厚焼き卵、スクランブルエッグ、かに玉、オムレツ			
魚介	お浸しのカツオ節	シラスおろしのシラス、汁の実(魚団子、はんぺん、エビなど)	アジの酢の物、マグロの山かけ	アジの開き、スパゲッティの具(アサリ、イカ、エビなど)	マグロ刺し身、カキフライ、焼き魚・煮魚・蒸し魚用の切り身、サケのムニエル、アジの姿焼き	刺し身盛り合わせ	
肉	スープ用ベーコン	野菜いために入れる肉、そぼろあんかけのひき肉、ハムエッグ、五目鶏飯	汁の実用、コロッケのひき肉、シューマイ、チキンライス、ひき肉団子、チンジャオロース	親子丼、酢豚	豚肉のくわ焼き、鶏肉の松風焼き、カレー・シチュー用、鶏肉のクリーム煮、鶏肉のから揚げ、ハンバーグステーキ	ビーフステーキ、ポークソテー	ローストチキン
豆	汁の実の油揚げ	みそ汁のみそ、みそ煮のみそ、煮豆用の乾燥豆	汁の実用豆腐、いなりずしの油揚げ、白あえ用の豆腐、ポークビーンズ用の乾燥豆	いり豆腐	高野豆腐の煮物、厚揚げと豚肉のみそいため、うずら豆甘煮、おから煮	擬製豆腐、揚げ出し豆腐、冷やっこ、湯豆腐、麻婆豆腐	
緑黄色野菜	汁の実(三つ葉、小ねぎ)、青み用のパセリ	汁の実(ほうれん草、春菊)、色どり用のにんじん、さやいんげん	煮物のにんじん、にんじんグラッセ、ピーマンソテー、にんじんポタージュ	ほうれん草ポタージュ、かぼちゃポタージュ	青菜のお浸し、あえ物、青菜ソテー	かぼちゃの含め煮、青菜の煮浸し	
淡色野菜	汁の実(わかめ、きのこ、ねぎ)	汁の実(もやし、なす、たけのこ)、たくあん	おろし大根、漬物(なす、かぶ、きゅうり)、きんぴらごぼう、汁の実(大根)	せん切りキャベツ、精進揚げ、キャベツの即席漬け	生野菜のサラダ、茶せんなす	なすの中華風あえ物、大根の煮物、白菜のスープ煮、白菜のあんかけ	
芋			ポテトチップス、汁の実用	粉ふき芋、マッシュポテト、ポテトサラダ	コロッケ、大学芋、里芋の煮物、じゃが芋のポタージュ	じゃが芋のいため煮	
穀物	ソースやスープのルーの粉	天ぷらの衣	マカロニグラタン	マフィン用の粉	サンドイッチのパン、かけうどんの乾めん、スパゲッティの乾めん	白飯、ピラフ、炊き込みごはん、炊きおこわ	どんぶり用の白飯、ちらしずし
油脂	トーストのバター、ソテーのバター、いため物の油	マヨネーズ、天ぷらの吸油量、サンドイッチのバター					
砂糖	紅茶・コーヒー用	煮豆用、ゼリー用、ドーナツ用、プディング用	しるこ1杯				

『調理学実習第8版-基礎から応用』(女子栄養大学出版部刊)

Part 2

調理の実際

下ごしらえの方法って？

料理を作るための下準備。
それが下ごしらえです。
野菜を洗う、皮をむいて切る、下ゆでする、
魚をおろす、肉のすじをとり除くなど、
どれもが調理の初めの一歩。
下ごしらえをていねいにすれば、
料理がおいしく美しく仕上がります。

1. 洗う

衛生的で安全な状態にする

食材を洗う目的は、表面についた土、ごみ、ホコリ、雑菌などを落とすこと。生で食べることもある野菜は流水やたっぷりの水でしっかり洗う。肉、魚介のぬめり、におい、血は、水や塩水で手早く洗う。ただし、きのこは水洗いすると傷むので、洗わずに乾いたふきんでふく。

肉・魚介	野菜	芋類・ごぼう
うま味などの味成分が溶け出すので基本的には洗わない	**土がたまる部分はざぶざぶとよく洗う**	**泥つきのものはたわしでしっかり洗う**
刺し身や切り身の魚、肉類は基本的に洗わない。ただし、一尾魚をおろすときは血や内臓を手早く洗い、生臭さが残らないようにする。貝類は殻をこすり合わせながら、よく洗う。	小松菜のような葉物、かぶなどの茎のつけ根には土がたまりやすい。この部分はたっぷりの水につけながらざぶざぶ洗い、茎と茎の間に土が残っていないかを確かめる。	泥がついたまま皮をむくと泥臭さが残るので、たわしを使って流水や水の中でしっかりこすり洗いする。ごぼう、里芋は、洗うと同時に皮をこそげとることもできる。

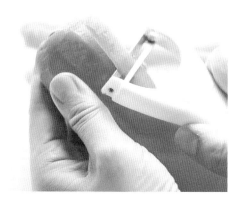

2. 下処理
（へた・種をとる、皮をむく）

口当たりよく、食べやすくする

野菜のへた、種は、かたくて口当たりが悪いのでとり除きます。皮もかたいものは、皮をむくことで口あたりがよく、きれいな仕上がりになる。ほかにも、オクラのうぶ毛をとり除いたり、芯や石づきなどのかたい部分を切り落として食べやすくする。

芋類

外側部分がかたい芋は厚めに皮をむく

じゃが芋、さつま芋は皮の内側に層があるので、ここまで皮をむき、じゃが芋は芽をくりぬく。里芋、小さな新じゃがはたわしで皮をこすり落としてもよい。

野菜①

皮をむく・こそぐ

根菜類はピーラーを使うと、手軽に薄く皮がむける。また、にんじん、ごぼうは皮の近くに香りがあるので包丁で厚くむかず、たわしか包丁の背で薄くこそげてもよい。

野菜②

にがうり（ゴーヤー）、かぼちゃは種とわたをとる

半分に切り、スプーンを使って種とわたをとり除く。種やわたの部分はいたみやすいので、きれいにとり除いてから保存すると日もちがよくなる。とうがんは輪切りにしてからとるとよい。

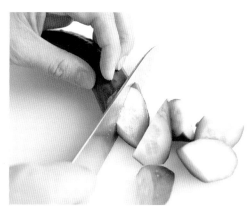

3. 切る

食感、でき栄えを決める

料理によって切り方はいろいろあるが、きちんと切り揃えることで火の通りや味のなじみ方が均一になり、美しい見ために仕上がる。また、同じ食材でも切る方向が違えば食感、味わいも変わる。よく登場する切り方の名称を覚え、テクニックをマスターすれば料理上手への第一歩になる。

包丁代わりの便利な器具

| スライサーで薄切り、せん切りを手軽に

ごく薄く切りたいときはスライサーが便利できれい。この薄切りをせん切りにすると、ごく細いせん切りも簡単にでき、味のなじみもよくなる。ねぎ、はるさめ、油揚げ、のりにはキッチンばさみも便利。

| ピーラーで薄切り、ささがきが簡単に

ごぼうのささがきは包丁で縦4つ割りの切り込みを入れ、ピーラーで切ってもOK。きゅうりやにんじんは縦にピーラーでむくと、リボン状の薄切りになりサラダに向く。ひと味違った食感が楽しめる。

●繊維の方向

繊維に沿って切る

- - - - - - - - - -

繊維と直角に切る

繊維に沿って切ると繊維が長いまま残るのでしっかりした歯触りに。一方、繊維と直角に切ると繊維が断ち切られ、やわらかい歯触りに。加熱した場合、繊維に沿ったほうは煮くずれしにくく、繊維に直角のほうはしんなりとやわらかくなる。

4. すりおろす

野菜、芋を細かくする

すりおろす目的は2つ。1つは大根おろしのように細胞をつぶさずに水分を保ったまま、細かくすること。もう1つは、山芋、わさびのように、細胞をつぶして、粘り、辛味を引き出すこと。それぞれの目的に適したおろし器を使い、すりおろし方を変えることがポイントになる。

大根・かぶ

**細胞をつぶさずに
水分をキープする**

大根、かぶの水分を保つには、おろし器に垂直に当て、円を描くようにゆっくりおろすのがコツ。力を入れすぎると細胞がつぶれて水分が出てしまい、辛味が出る。おろし金の目が粗いほうでおろす。

わさび・しょうが・にんにく

**辛味、香りを十分に
引き出すように**

わさびなどの薬味をすりおろす目的は、細胞をつぶして辛味や香りを引き出すこと。そのため、強い力ですりおろすとよい。また、目が細かいほうでおろし、サメ皮のおろし器を使うこともある。

山芋

**粘りを出すために
円を描くようにおろす**

山芋のすりおろしはできるだけ粘りを出したいので、円を描くように強くすりおろして細胞をつぶすとよい。おろし器の代わりにすり鉢の側面にこすりつけ、そのあとすりこぎですり混ぜても。

5. 水につける

変色を防ぎ、パリッとさせる

野菜、芋を水につけるのは、大事な下ごしらえの1つ。野菜や芋を切ったあと、青菜など緑黄色野菜をゆでたあと、サラダ野菜を味つけする前に水につけて、アクを抜いて変色を防いだり、食感をよくしたり、色を美しくしたりする。生野菜のせん切りなどは、氷水を使うと効果がアップする。

切ったあと水につける

**なす、芋類などの
変色を防ぐ**

なす、じゃが芋、さつま芋などは、切って放置すると変色するので、切ったものから水につけ、アクが出るのを防止する。れんこんを白く仕上げたいときは酢水につけるとよい。

せん切りキャベツやレタス

**パリパリ、シャキッと
食感をよくする**

生野菜を氷水につけると、水が野菜の組織に入って細胞をピンとさせるので、食感がパリパリ、シャキッとする。あまり長くつけると味や栄養が失われるので注意し、しっかり水けをきること。

ゆでたあと水につける

**青菜の色を美しく保ち、
アクをとり除く**

ほうれん草をゆでると緑色が鮮やかになるが、そのまま放置すると褪色する。これを防ぐために冷水につけて急冷し、色素（クロロフィル）を安定させる。また、シュウ酸（アク）が溶出する効果もある。

6. ゆでる

やわらかくしてアク、えぐ味をとる

ゆでるとは、沸騰した湯の中で食材を加熱することで、主に下ごしらえとして行う。青菜のアクをとって色鮮やかにしたり、根菜をやわらかくし、えぐ味、渋味をとり除いたりする。肉、魚介、卵の場合は、料理によってたんぱく質をかためる。食材によっては、塩、酢を加えてゆでることも。

緑色の葉物	白色の葉物	芋類
5倍重量くらいの たっぷりの湯でゆでる	**かぶるくらいの湯でゆで、 水にとらない**	**まるごとは水から、 切ったものは沸騰した湯で**
色鮮やかにゆでるには素早く加熱する必要があるので、湯は野菜の重量の5倍ほどの量を用意し、沸騰しているところに入れる。ふたせず、沸騰が続く火加減にし、やわらかくなったら水にとって急冷する。	キャベツ、白菜は、かぶるくらいの熱湯でふたをしてゆでる。また、急冷しなくても褪色しないので、ざるに上げて冷ませばよい。水にとると味が抜け、水っぽくなるので注意する。	切ってゆでる場合は沸騰した湯に入れる。まるごとゆでるときは水からゆで、中心までじっくり加熱する。このとき途中で加熱をやめると二度とやわらかくならないので注意。

---

column **ゆでたあとの処理方法**　ゆでた野菜の味と色をキープするために大事な処理方法。野菜によって違うので基本を覚えておきましょう。

1 ゆで上がったらすぐに冷水にとり、完全に冷ますもの

葉野菜はゆで上がったらすぐに冷水にとり、中まで完全に冷まし、水けを絞って調理する。青菜の色素、クロロフィルは80℃以上になると安定して鮮やかになるが、40℃ほどで褪色し始めるので、ゆでたあとに急冷する。水につけすぎると風味が失われるので気をつける。

●適した食材
青菜などの葉野菜

2 ゆで上がったらすぐに冷水にとり、粗熱をとるもの

アスパラガス、オクラなどの緑色の野菜は、青菜と同様にクロロフィルが色素なので、沸騰した湯でゆでて冷水にとる。ただし、長く水につけると味が抜けて水っぽくなるので、粗熱がとれたくらいでざるに上げ、中心の余熱で余分な水分をとばすとよい。

●適した食材
グリーンアスパラガス／さやいんげん／さやえんどう／オクラなど

3 ゆで上がったらすぐにざるに上げるもの

白菜、キャベツ、カリフラワーなどは、ゆで上がったらすぐにざるに上げる。これらの野菜は水にとると水っぽくなり、味成分が逃げておいしくなくなる。なお、キャベツ、枝豆などの緑色を残したいときは、冷めやすいようにざるに広げておく。これを生上げ（きあげ）、おか上げともいう。

●適した食材
白菜／キャベツ／カリフラワー／枝豆など

野菜類 洗う・下処理

洗う目的は、表面についた土やホコリなどの汚れを落とすため。
食材ごとに洗い方が違うのでチェックして。
また、洗う際の板ずりという工程についても知りましょう。

青菜 根元の泥を念入りに落とす

1
葉、茎には泥や虫がついていることがあるので、たっぷりの水をはったボウルに青菜を入れ、前後左右にふりながら、ざぶざぶ洗う。

2
茎の根元には泥がたまりやすいので、新しい水をはったボウルに根元のほうを入れ、茎を広げてこするようにして、すみずみまでよく洗う。

枝豆 枝をはずす→洗う

1
キッチンばさみで小枝をはずす。虫食いのものが見つかったらとり除く。さやの両端を切っておくと火の通りが早く、味もしみやすい。

2
まず流水で軽く洗い、表面の汚れを落とす。次に塩水の入ったボウルに入れ、さやのうぶ毛をとるようにさやどうしをこすり合わせ、水でよく洗い流す。

オクラ 塩ずりする→へた・ガクをとる

1
流水でさっと洗い、たっぷりの塩をすりつける。オクラのうぶ毛をとるように指でこすり、流水で塩を洗い流す。

2
へたごと食べるときは、オクラのへたの先（なり口）を少し切り落とす。なり口とは、果実のへたの部分で、果実が枝についている部分をさす。

3
次に、口当たりの悪いガクの部分を削りとる。なお、へたを切りとってからゆでると粘りが出てしまうので、刻んで食べるときはゆでてから切ること。

かぶ 流水で洗う → 葉を切り落とす → 皮をむく

1

ボウルに水をはり、流水で流しながらタワシなどで泥汚れをこすり洗いする。茎のすき間は竹串でていねいに泥をとり除く。泥がついたままだと、泥臭さが残る。

2

葉から水分が蒸発するので、買ってきたらすぐ葉を切り落とす。茎のつけ根から切る場合と茎を3〜4cm残して切る場合がある。

3

茎つきの場合は、根元から包丁を入れて茎のところまで包丁で縦にむく。こうすることで、見た目もきれいになる。

かぼちゃ 流水で洗う → 種・わたをとる → 皮をむく

1

ポストハーベスト*が気になる輸入もののかぼちゃは、タワシを使って1分ほど、表皮とへたをゴシゴシとこすり洗いすること。

2

かぼちゃを2〜4つ割りにし、スプーンで種とわたを残さずえぐりとる。大きめのスプーンを使うとラクにとれる。

3

皮をところどころまだらにむくと、火が通りやすくなり、味のしみ込みもよくなる。
*ポストハーベスト：収穫後の農薬処理

カリフラワー 根元を切る → 小房に分ける

1

根元の太くかたい茎は切り落とし、まわりの外葉の根元に包丁を軽く入れ、手ではずす。

2

茎とつぼみの間に包丁を入れ、そこから手で割って1房ずつばらす。大きい房は半分に切る。残ったやわらかい茎は適当に切り、いっしょにゆでて使う。

小房の間にごみや虫が入っていることがあれば、茎を上にして塩水の中に入れ、ふり洗いする。

下ごしらえ

キャベツ　外葉をはずす →芯をとる →洗う

1
芯のまわりに切り込みを何か所か入れ、包丁を入れたところから外葉をはずすと、はがれやすい。

2
縦半分に切り、芯に沿って包丁を差し込み、手前側に切りおろす。反対側にも同じく切り込みを入れ、芯を三角にとり除く。

3
外側から5枚くらいまでの葉はビタミンCが豊富だが、雑菌が付着しやすいので、流水でよく洗ってから使うこと。

きゅうり　両端を切り落とす／皮をむく／板ずりする

きゅうりのへた（なり口）は苦味があるときは、少し切り落とすか、この部分だけ皮をむく。反対側も同様に。

味をなじみやすくしたいときは、皮を縞目にむく。ピーラーを使うとラクにむける。ズッキーニ、なすの下ごしらえにも。

さっと水洗いし、塩をたっぷりふったまな板に転がし、流水で塩を洗い流す。皮の表面に傷がつき、味がしみ込みやすくなる。

グリーンアスパラガス　根元を切り落とす →皮をむく →はかまをとる

1
茎の根元のかたい部分は繊維が多く、火が通りにくいので、1〜2cmほど包丁で切り落とす。

2
切ったところから2〜3cmの部分も比較的繊維が多いので、薄く皮をむく。包丁でもよいが、ピーラーのほうが簡単。

3
はかま（茎についている三角の部分）は口当たりがよくないので、包丁かピーラーで削りとる。

グリーンピース　さやから豆を出す → 洗う　　さやいんげん　へたを切り落とす

1
豆はさやから出すとすぐに味が落ち、かたくなるので、ゆでる直前に出す。さやの筋のところを軽く押し開き、豆を親指で押し出す。

2
さやから出した豆は、水でさっと洗う。ざるに上げて水けをきり、すぐに調理する。

向きを揃えて置き、まとめてへたを切り落とす。昔のさやいんげんは筋をとったが、今は筋がないものが多いのでとらなくてよい。

にがうり（ゴーヤー）　洗う → 種とわたをとる → 塩もみする

1
流水で表面をさっと洗う。ホコリを落とす程度で OK。

2
両端を切り落として縦半分に切り、種とわたをスプーンでとり除く。ラップでぴったり包むと保存がきく。

3
苦味をやわらげたいときは塩もみを。薄切りにし、塩をまぶし、しんなりしたら水けを絞る。さっと洗ってもよい。

ごぼう　洗う → 皮をこそげとる　　さやえんどう　へたと筋をとる

1
たわしを使って泥をしっかり洗い流す。さらに強くこすり洗いすれば、皮もある程度こそげる。

2
ごぼうの皮には風味があるので、厚くむかず、軽くこそげとればよい。包丁の背で下から上に向かって軽くこすってこそげとる。

へたを手で折り、そのまま筋をスーッと引っぱってとる。筋は意外にかたく、口当たりがよくないので省略しないこと。

下ごしらえ

セロリ 洗う → 葉と茎を分ける → 筋をとる

1
水をはったボウルか流水で洗う。茎の内側は泥、ごみが残っていることがあるのでていねいにこすり洗いする。

2
きれいに洗ったら、葉のつけ根に包丁を入れて、茎と葉を切り分ける。手で折ってもよい。

3
茎の外側の筋はかたいので、とり除く。茎の端から浅く包丁を入れ、筋を起こすように手前に引っぱってとる。

そら豆 さやから豆をとり出す → 洗う → 薄皮をとる

1
さやのやわらかいほうの筋を指で押し開き、中に入っている豆をとり出す。

2
さやから出した豆の表面にわたが残っていたら流水でよく洗う。

3
手で豆を持ち、包丁で黒い部分に切り込みを入れる。そこに指を入れて割れ目を作り、薄皮から豆を押し出す。

大根 葉を切り落とす → 皮をむく → 面とり

1
すぐに食べないときは、葉のつけ根から1cmくらいを切り落とし、新聞紙に包んで野菜室に保存する。

2
皮はピーラーを使うとラクに早く、薄くむける。皮は捨てずに、しょうゆ漬けや塩もみ漬けなどの即席漬けに利用して。

3
輪切りなどにしたあと、切り口の角を包丁で薄くそぎ切るように削る。これを面とりといい、煮くずれを防ぐことができる。

竹の子　穂先を切り落とす→切り込みを入れる

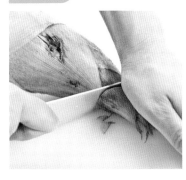

1

竹の子は外側の皮を2〜3枚むいて、穂先の部分を斜めに包丁で切り落とす。ゆでたときに、ここからアクが出やすくなり、火の通りもよくなる。

2

根元のかたい部分のブツブツを薄くむく。さらに**1**の断面から下に向かって縦に切り込みを入れる。火が通りやすくなり、皮むきがラクに。

玉ねぎ　皮をむく→根をとる→洗う

1

茶色い皮をきれいにむく。むきにくいときは、頭を少し切り落とすか、皮に切り込みを入れ、そこからむいても。

2

根元のかたい部分は食べられないので、包丁でとり除く。

3

皮、根元をとり除いたら、流水でさっと洗う。

とうもろこし　皮をむく→ひげをとり、洗う

1

とうもろこしは皮をむくと鮮度が落ちやすくなるので、ゆでる直前にむくこと。

2

ひげを手で引っぱってとり除き、水をはったボウルの中で洗う。

下ごしらえ

トマト（皮をむく場合） 湯にくぐらせる → 水にとり、皮をむく

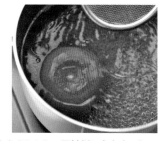

1 へたをくりぬき、反対側に十文字に切り込みを入れ、網じゃくしにのせて沸騰した湯に入れる。

2 皮がめくれたら、すぐに冷水をはったボウルに入れ、皮を指でつまんでむく。

直火でむく方法。へたをとってフォークを刺し、くるくる回しながらガスコンロの直火であぶる。皮がはじけたら冷水にとって皮をむく。

なす へたをとる → ガクをとる

1 ガクのつけ根あたりに包丁を入れて、へたを切り落とす。残っているガクは手でむく。

2 へたを残したいときは、ガクのつけ根のまわりにごく浅い切り目をぐるりと入れ、ガクだけをとる。

皮をむいて使う場合は、薄く縦に縞目にむく。味がなじみやすくなる。

にんじん 洗う → 端を切り落とす → 皮をむく

1 泥がついていないものは、葉のつけ根の汚れに注意しながら流水でさっと洗う。泥つきのものはタワシでこすりながら流水でよく洗う。

2 葉のつけ根は、根元から1cmくらいのところで切り落とす。

3 皮はピーラーを使えば、ラクに早く薄くむける。葉のつけ根のほうから下に向けてむくとラク。新鮮なものは皮をむかずに使うことも多い。

白菜 葉をはずす／根元を切る／芯をとる

まるごとの場合は、根元に切り込みを入れて外側から1枚ずつはずして洗ってから使う。

数枚必要なときは、株の根元を少し切り落とす。全部使うときは、根元を厚く切り落とすとよい。

縦半分に切り、芯の部分の両側から斜めに切り込みを入れ、芯を切りとる。

パプリカ・ピーマン 種をとる／わたをとる

縦半分に切り、へたと種とつながっている部分に左右から包丁を入れ、へた、種、わたをいっしょにとり除く。

肉詰めなどを作るときは、ペティナイフの先でへたのまわりをぐるりとくりぬいてとり、中に残った種とわたをスプーンでとり出し、さっと水洗いする。

内側の白いわたを包丁でていねいにそぎとると、パプリカの色が栄えて見た目も美しく、食べやすくなる。

にら 根元を切る

根元を1cmほど切り落とし、水をはったボウルでざぶざぶ洗う。

モロヘイヤ 葉を摘む

葉を摘んで茎と分ける。茎は上半分だけ残し、下部（かたく筋っぽい部分）は切り捨てる。

下ごしらえ

ブロッコリー 小房に分ける → 半分に切る → 茎は皮をむく → 洗う

1
つぼみのつけ根に包丁を入れ、小房を1つずつ切りはずしていく。

2
大きい房は半分に切る。このとき包丁を軸のほうから入れ、あとは手でさいて半分にすると、つぼみが散らばりにくい。

3
残った茎は、皮がかたいので厚めにむき、用途に合わせて切る。

4
虫がいる場合があるので、よく注意しながらふり洗いする。

もやし 洗う → ひげ根をとる

レタス 葉をはずす

1
水をはったボウルに入れてざぶざぶ洗う。豆の殻やごみが浮いてきたら流し、新しい水をたっぷり加え、もう一度洗う。

2
ていねいにするときは、ひげ根を折るようにとり除く。このひと手間で、料理の味や見た目が品よく仕上がる。

1玉使うときは、芯を包丁でくりぬいてとり、葉をばらばらにする。数枚だけ使うときは外側から手で葉をはずす。

えのきたけ・しめじ 　根元を切り落とす → ほぐす

えのきたけは、根元から3〜4cmを切り落とし、用途に合わせて手でほぐす。なべ物のときは粗くほぐしたほうがよい。

1

しめじは、根元のかたい石づきを切り落とす。株の大きいものは、石づきのほうから2〜3つに分けてからすると切りやすい。

2

しめじをほぐすときは、包丁ではなく手でさいて分ける。大きいものは長さを半分に切っても。

エリンギ・まいたけ 　根元を切り落とす → さく

1

エリンギは、ほとんどかたい部分がないが、もしかたい部分があれば薄くそぐように切り落とす。

2

エリンギは、縦半分に切ってから手で縦にさいてもよい。こうすると味がなじみやすく、食感もよい。

まいたけは、石づき（根元のかたい部分）を切り落としてあるものが多い。下にかたい部分があるときは包丁で切り落とす。

しいたけ・マッシュルーム 　泥を払う → 石づきを切り落とす／軸をはずす

1

しいたけは水洗いせず、ふきんなどで汚れを払えばよい。マッシュルームなども同様に。

2

軸は全部とらず、石づきだけを切り落とす。軸は味や食感もよいので、傘といっしょに使うとよい。

軸と傘を分けたいときは、軸のつけ根をねじるようにしてはずす。

下ごしらえ

里芋 　皮をむく → ぬめりをとる

1

里芋を持ち、包丁の刃元の部分を里芋に当てて、里芋を回しながら包丁を進めて皮をむく。

2

六方むきの方法。芋の上下を切り落として持ち、切り口から切り口に向けて縦に包丁を入れ、6面に分けてむく。煮くずれしにくく、きれいに仕上がる。

3

皮をむいたら塩適量をふり、1個ずつていねいにもんで充分にぬめりを出す。ぬめりをとる場合は、1個ずつ流水に当てて洗い流す。

じゃが芋 　皮をむく → 芽をとる

1

皮はピーラーを使うと簡単に薄くむける。包丁の場合は、まず平らな部分をぐるりとむき、残りをむいていくとよい。

2

じゃが芋の芽にはソラニンという毒素があるので、完全にくりぬいてから調理する。包丁の刃元で、しっかりえぐりとる。

さつま芋 　水にさらす

さつま芋はアクが強いので変色を防ぐために水にさらす。あらかじめ水を用意しておき、切ったはしから水に入れ、10〜30分さらすとよい。

大和芋・長芋 　皮をむく → ぬめりをとる

複雑な形をした大和芋の場合は、包丁でむくよりもスプーンで軽くこそげたほうがラクにむける。

長芋は、ぬめりですべるので、皮はピーラーでむくのがラク。

大和芋、長芋ともに、皮をむいたらすぐに酢水（水でもよい）に入れ、しばらくさらし、手でしごいてぬめりをとる。アクによる変色も防げる。

|野菜類| 切る

野菜の基本的な切り方をマスターしましょう。
大きさや形が違えば、同じ野菜でも調理時間が変わったり、
料理の味、食感、見た目などのでき栄えも変わります。

輪切り 丸い野菜を端から一定の厚さに切る

大根は使う分だけ切って皮をむき、切り口と平行に切る。厚さは用途に合わせて調整し、ふろふき大根なら2～3.5cm厚さに。

にんじんも大根と同様に切る。厚く切るときは、輪切りにしてから皮をむいてもよい。

薄切り 野菜の端から薄く切る

玉ねぎは縦半分に切り、切り口を下にして置き、端から薄切りにする。繊維に沿って切るか、繊維に直角に切るかで味、食感が変わる。

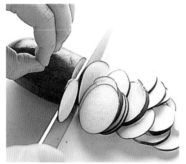

なすはへたを切り落とし、垂直に薄く切る。切った端から水に入れ、変色を防ぐ。

きゅうりはピーラーで薄切りにしても。縦に薄切りにできるので、用途が広がる。大根やにんじんもピーラーで薄切りにしてもよい。

半月切り 丸い野菜を縦半分に切って端から切る

にんじん、大根、れんこんなどは縦半分に切り、切り口を下にして置き、端から一定の厚さに切る。断面が半円形になる。

いちょう切り 丸い野菜を縦4等分に切り、端から切る

にんじん、大根、れんこんなどは縦4等分に切り、切り口を下にして置き、端から一定の厚さに切る。断面がいちょうの葉に似ている。

角切り 立方体に切る

かぼちゃなどのかたい野菜は、3cm角くらいの立方体に切る。煮くずれを防ぎたいときは面とりをするとよい。煮物に向く。

トマト、アボカドのようなやわらかいものは、2cm角に切っても。サラダ、あえ物など生食する場合に向く。

短冊切り 薄い縦長の長方形に切る

1

にんじんなどの場合、まず長さ5cmに切り、さらに繊維に沿って厚さ1cmほどに切り、直方体にする。

2

1をねかせて置き、端から厚さ2mmくらいの薄切りにする。小さな短冊の形になる。

拍子木切り 四角の棒状に切る

大根などの場合、まず長さ5cmに切り、さらに繊維に沿って厚さ1cmほどに切り、ねかせて端から1cm幅に切る。拍子木の形になる。

さいの目切り 1cm角くらいのさいころ状に切る

まず、材料を拍子木切りにし、これを4本重ねて端から1cm幅に切る。

ぶつ切り 形にこだわらず、ブツブツ切る

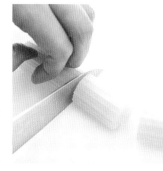

セロリは葉をとってねかせ、だいたい大きさが揃うように端から切っていく。

細切り 3mmくらいの幅に細長く切る

4～5cm長さで、3mm幅くらいに切る。ピーマンの場合、縦半分に切って種とわたをとり、軽く押しつぶし、端から3mm幅に切る。

ごぼうの場合は、まず5cm長さに切り、繊維に沿って3mm厚さに切る。少しずつずらして重ね、端から3mm幅に切る。

せん切り 1～2mmの幅に細長く切る

細切りより細く切る。キャベツやセロリなどは、繊維に沿って細く切ると、歯触りを感じる食感になる。

逆に繊維と直角に細く切ると、やわらかな歯触りになる。

にんじん、大根などは、まず繊維に沿って薄切りにし、少しずつずらして重ね、端から細く切る。

みじん切り 1～2mm角くらいに細かく切る（玉ねぎ）

1
玉ねぎのみじん切りは、まず縦半分に切り、切り口を下にして置き、縦に細かく切り込みを入れる。

2
縦の切り込みと直角に、横にも切り込みを数か所入れる。

3
端から薄切りにする要領で切っていき、全部切り終わったら包丁全体を使って、さらに細かく刻む。

下ごしらえ

みじん切り　1〜2mm角ぐらいに細かく切る（にんじん、長ねぎ）

にんじんのみじん切りは、まず薄切りにし、これをせん切りにする。だいたい揃えて端から細かく刻む。

長ねぎのみじん切りは、長いままねかせ、使う分の長さだけ切り込みを縦に4〜5本入れる。端から細かく刻む。

ざく切り　4〜5cm幅くらいにザクザク切る

にらの場合、根元を切り落として端からザクザクと切っていく。いため物、なべ物などに。

キャベツのざく切りは、まず4cmくらいの幅に切り、向きを変えてさらに4cmほどの幅に切っていく。

小口切り　細長い野菜を端から切る

きゅうりの場合、両端を少し切り落とし、端から一定の幅で切っていく。厚さが変わると歯触りが変わるので、用途に合わせて。

万能ねぎの場合、使う量を揃えてねかせ、端から2〜3mm幅に切る。長ねぎも同様にする。

くし形切り　球状のものを放射状に切る

トマトの場合、縦半分に切ってへたを切り、切り口を上にして置き、用途に合わせた幅に放射状に切る。レモンも同様に。

そぎ切り　包丁をねかせて厚みをそぐように切る

白菜の場合、1枚ずつ葉と茎に切り分け、茎に包丁をねかせて斜めに入れ、手前に引いて切る。火の通りがよくなり、味のなじみもよい。

乱切り　材料を回しながら斜めに切る

きゅうりの場合は、まず両端を切り、端から包丁を斜めに入れて切ったらきゅうりを回し、また斜めに切ることを繰り返す。

ささがき　削るように切って笹の葉の形に

ごぼうの場合、皮をこそげとる。手にごぼうを持って回しながら、包丁をねかせて鉛筆を削るように切る。

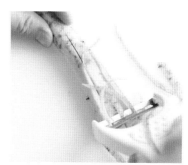

ピーラーを使っても。まず、ごぼうに縦4つ割りの切り込みを入れる（切り離さない）。ごぼうを回しながらピーラーで引いていく。

たたく　めん棒などでたたいて割る

1

たたくことで繊維を壊し、味のしみ込みをよくする。きゅうりの場合、両端を切り落としてねかせ、めん棒でたたく。

2

ある程度割れてきたら、手でちぎるか包丁で切り分け、食べやすい大きさにする。

野菜類 すりおろす

根菜、芋類、薬味などをおろし器ですりおろすと、
組織が壊れて消化がよくなり、口当たりがやさしい仕上がりになります。
料理のバリエーションを広げるのに役立てて。

大根 繊維に直角にすりおろす

大根をすりおろすときは、使う分量を切って皮をむく（やわらかいものはむかなくても）。おろし器の下にぬれぶきんを敷き、繊維に直角にすりおろす。

かぶ 皮ごとすりおろす

かぶの場合は、皮がやわらかいのでまるごとすりおろす。回しながら角をなくすようにするのがコツ。

長芋 ペーパーですべりを防止

1
長芋は皮をむき、すべらないようにペーパータオルなどを巻いて持ち、すりおろす。

長芋のとろろは、すりおろしたものに人肌程度に温めただし汁を加えて混ぜる。だし汁の温度が高すぎると、粘りがなくなるので注意する。

もみじおろし 赤とうがらしをプラスして

1
皮をむいた大根に菜箸などで穴をあけ、水につけてもどした赤とうがらしを差し込む。辛味を強くしたいときは2本差し込んでも。

2
大根と赤とうがらしをしばらくなじませてから、繊維に直角にすりおろす。

3
なべ料理、揚げ物などの薬味に使う。

野菜類 水につける

切ると褐変しやすい野菜は、すぐに水につけると変色しません。また、サラダなどでパリッとした食感を楽しみたいときにも大切な下ごしらえです。

食感をパリッとさせる 野菜を切って氷水につける

きゅうりは小口切りにし、氷水につける。パリッとしたらざるに上げる。つけすぎると味、栄養が抜けてしまうので注意する。

キャベツのせん切りは氷水につけると、パリッとするだけでなく、変色防止にも。つけすぎるとビタミンCなどの栄養が抜けてしまうので、時間は1〜2分で充分。

レタスは1枚ずつはがし、氷水につけてパリッとさせる。盛りつける直前に引き上げ、水けをよくきってからサラダに。

変色を防ぐ アクを抜いて色と味をきれいに

ごぼうは、白く仕上げたいときは酢水（3〜4％）に、アクを抜きたいだけのときは水につける。つけすぎると風味が抜けるので、30秒ほどで引き上げる。

れんこんは、皮をむいたり、切ると変色しやすくなるので、すぐ酢水（3〜4％）につける。5〜10分つければよい。

じゃが芋は、皮をむいたらすぐに水につけ、切ったら水に戻し、次の芋を切る。こうすることで変色を防ぐ。

memo

ごぼうはアク抜き不要？

ごぼうのアクは竹の子のえぐ味などとは違い、味に大きく影響しないうえ、抗酸化作用があり、健康に役立つ成分。さらに、ごぼうの風味は水にさらすと抜けてしまうので、切る端から水につけるだけでよい。

辛味を抜く サラダなどの下ごしらえに

玉ねぎの薄切りは、水につけて5〜10分おくと辛味が抜ける。ざるに上げ、ふきんなどで押さえて水けをしっかりとると、料理が水っぽくならない。

野菜類 ゆでる

沸騰した湯の中で野菜を加熱し、アクを抜いたり、やわらかくしたりします。
野菜ごとに、色を美しくする、
食感をよくするといったポイントがあるのでチェックしましょう。

グリーンアスパラガス　根元から入れ、ゆですぎに注意

1
沸騰した湯に約0.5％の塩を入れて中火にし、アスパラガスを根元のほうから入れて20〜30秒加熱したら、穂先まで湯に沈めて2〜3分ゆでる。

2
余熱で火が通りすぎないように、すぐに氷水にとる。色も鮮やかになる。冷めたらとり出し、水けをふく。

枝豆　塩をまぶして色鮮やかに

1
枝豆の重さの1〜2％の塩をまぶし、もみ込む。

2
たっぷりの沸騰した湯に塩がついたまま入れ、中火で3〜5分ゆでる。塩には緑色の色素を安定させる働きがあるため、色鮮やかに仕上がる。

3
ゆで上がったらざるに上げ、振り塩をする。水にとると味が抜けるのでうちわであおぐなどして急いで冷ます。

オクラ　板ずりで色と口当たりよく

1
たっぷりの沸騰した湯に、塩がついたままの板ずりをしたオクラを入れ、中火で1〜2分ゆでる。

2
すぐに氷水にとり、粗熱がとれたらざるに上げ、水けをふく。お浸しや酢の物に使ったり、煮物の仕上げに加えて煮るときも。

memo

0.5％塩水とは
水200mL（カップ1）に
塩1g（ミニスプーン1）

1％酢水とは
水200mL（カップ1）に
酢2g（小さじ約1/2）

かぼちゃ　水からゆっくりゆでると甘味アップ

鍋にひたひたの水を入れて中火にかけ、煮立ってきたら弱火にし、ふたをしてやわらかくなるまでゆでる。かぼちゃの甘みは60℃以下で引き出される。

カリフラワー　酢を加えて白く仕上げる

1
0.5%の塩、1%の酢を加えた熱湯にカリフラワーを入れ、中火で1分ほどゆでる。さらに白く仕上げたいときに有効。

2
ゆで上がったらざるに上げ、冷ます。水にとると水っぽくなるので注意する。

キャベツ　ふたをして平均に火を通す

1
キャベツは1枚ずつはがし、たっぷりの沸騰した湯に入れる。

2
ふたをして中火で2〜3分ゆでる。ふたをしてゆでると口当たりがやわらかくなる。

3
ざるに上げ、葉を広げて冷ます。水にとると水っぽくなるので注意する。

グリーンピース　冷ますコツでシワを寄せない

1
ゆでる直前にさやから豆を出し、豆の重さの2%の塩をまぶす。塩は豆を色鮮やかにする効果がある。

2
たっぷりの沸騰した湯に、塩をつけたまま入れ、弱火にして3〜4分ゆでる。

3
なべを火からおろし、流水を少しずつ注ぎ、時間をかけて冷ます。このひと手間で豆にシワが寄らず、ふっくら仕上がる。

にがうり（ゴーヤー） 氷水で急冷すると色鮮やかに

1 たっぷりの沸騰した湯に下処理して薄切りにしたにがうりを入れる。中火で1分ゆでる。

2 ざるに上げ、氷水にとって急冷する。苦味がある程度抜けて歯触りよく、色も鮮やかに仕上がる。

ごぼう　3〜4分ゆでてざるに上げる

たっぷりの沸騰した湯に下処理したごぼうを入れる。中火で3〜4分ゆでる。ざるに上げて冷ます。

小松菜　均一に加熱してお浸しなどに

たっぷりの沸騰した湯に、下処理した小松菜の根元から入れ、中火で1〜2分ゆでたら全体を沈め、中火で1〜2分ゆでる。冷水にとって冷ます。

モロヘイヤ　ゆでて水にとり、アクを除く

茎ごとゆでるときは、たっぷりの沸騰した湯に入れて中火で1分ゆで、冷水にとってアクをとる。茎のかたい部分は切り落とすこと。

さやいんげん 塩をまぶして色と食感アップ

1 色を美しくしたいときは、さやいんげんの重さの2％（100gなら小さじ1/3）の塩をまぶし、たっぷりの沸騰した湯に入れ、中火で3分ゆでる。減塩の際は塩なしでOK。

2 ゆで上がったらすぐに冷水にとり、粗熱がとれたらざるに上げる。

蒸しゆでもおすすめ。さやいんげんの重さの1％の塩を加え、さやいんげんを入れてふたをし、中火で3〜4分加熱する。

さやえんどう　塩の効果で色鮮やかに

1
下処理したさやえんどうに2%の塩（100g なら小さじ1/3）をまぶす。塩は緑色の色素を安定させる働きがある。

2
たっぷりの沸騰した湯に塩つきのまま入れ、中火で2分ゆでる。

3
ゆで上がったらすぐに冷水にとり、粗熱がとれたらざるに上げる。

春菊　葉と茎を分けてムラなく

葉と茎に分け、たっぷりの沸騰した湯に茎を入れ、中火で40〜50秒ゆでたら葉を入れ、20〜30秒ゆでる。冷水にとる。

青梗菜　根元から入れ、火の通りを均一に

根元に縦の切り込みを入れておく。たっぷりの沸騰した湯に根元のほうから入れ、中火で1〜2分ゆでたら全体を沈め、さっとゆでて冷水にとる。

そら豆　冷水につけて色止めを

1
下処理したそら豆に豆の重量の2%の塩（100gなら小さじ1/3）をまぶす。

2
たっぷりの沸騰した湯に塩つきのまま豆を入れ、中火で2分ゆでる。

3
引き上げて冷水につけて色止めし、すぐにざるに上げる。

下ごしらえ

大根 隠し包丁がポイント

memo

下ゆでに米は必要?

大根の下ゆでに米やとぎ汁を加えることがあるが、これは大根の苦味をとり除くためだが、最近では苦味はほとんどないので使う必要はない。

1
厚い輪切りにした大根は、片面に十文字の切り込みを厚みの1/3くらいまで入れる。火の通りがよくなり、味がしみ込みやすくなる。

2
下ゆでの場合は、なべに大根がかぶるくらいの水を入れ、強火で煮立たせ、中火にして5分ゆでる。やわらかくゆでるときは、20〜40分ゆでる。

にら 根元を束ねると手間が省ける

1
ゆでたあと長さを揃えて切りたいときは、根元を輪ゴムでゆるめに束ねておくとよい。

2
たっぷりの沸騰した湯に入れ、中火で2分ほどゆでる。

3
ゆで上がったらすぐに冷水にとって急冷し、色止めする。水けを絞って調理する。

にんじん せん切りの場合は短時間で

せん切りは短時間で加熱できるので、たっぷりの沸騰した湯に入れたら中火で1分ゆでる。大きめの切り方のときも熱湯からゆでる。

白菜 ざるに広げて冷まし、味を逃さない

1
白菜は1枚ずつはがし、たっぷりの沸騰した湯に入れ、ふたをして中火で1分ゆでる。

2
ゆで上がったらざるにとり、葉を広げて冷ます。水にとると水っぽくなるので注意。

ブロッコリー　時間差をつけてゆでる

1
ブロッコリーは小房、茎に分け、茎は食べやすく切る。0.5％の塩を入れたたっぷりの沸騰した湯（水5カップなら塩小さじ1）に茎を入れ、中火で1〜2分ゆでる。

2
小房を加え、中火で3〜4分ゆでる。かたい茎を先に入れることで全体が均一にゆで上がる。

3
ざるに上げて広げ、冷ます。

ほうれん草　まるごとゆでても切ってゆでても

1
たっぷりの沸騰した湯に下処理したほうれん草を根元のほうから入れ、湯が再び沸くまで中火で1〜2分ゆで、全体を沈めてさっとゆでる。

2
すぐに冷水にとって粗熱をとり、新しい冷水にとって芯まで冷ます。水にさらしすぎるとほうれん草の風味が失われる。

3
根元を揃えて束にし、手で水けを絞る。切り揃えて盛る必要がないときは、切ってからゆでてもよい。

memo

青菜を色よくゆでるには

青菜の色素「クロロフィル」は80℃以上で安定するが、高温に長時間さらすと変色してしまう。そこで、たっぷりの沸騰した湯を用意し、短時間にゆで上げ、すぐに冷水にとって冷ます。これが青菜をきれいにゆでるコツ。

もやし　短時間で食感よくゆで上げる

もやしは深いざるに入れ、たっぷりの沸騰した湯にざるごと入れ、中火で約30秒ゆでる。ざるごと引き上げ、あおいで冷ます。

さっと加熱したいときは熱湯をかける方法でも。ざるにもやしを入れ、たっぷりの沸騰した湯をまんべんなくかける。

下ごしらえ

れんこん 酢を加えて白く仕上げる

1
たっぷりの沸騰した湯に3%の酢（水5カップに酢大さじ2）を加えて、切ったれんこんを入れ、中火で5分ほどゆでる。酢を入れることで白く仕上がり、歯切れがよくなる。

2
ゆで上がったらざるに上げて冷ます。ぬめりをとりたいときは水にとり、洗って水けをきる。

しめじ 酒いりがおすすめ

きのこはゆでると水っぽくなるので酒いりに。フライパンにきのこ、酒少量を入れ、しんなりするまで中火でいりつける。

じゃが芋 調理条件に合わせてゆでる

まるごとゆでるときは、皮つきのままよく洗い、たっぷりの水となべに入れ、中火で20分ほどゆで、竹串がスッと入るまで火を通す。

切ったじゃが芋はさっと水洗いする。たっぷりの沸騰した湯に芋を入れ、やわらかくなるまで中火で6～8分ゆでる。

マッシュルーム レモン汁で白く、風味よく

たっぷりの沸騰した湯にレモン汁、ロリエを加え、下処理したマッシュルームを入れて10秒ほど煮立てる。ゆで汁ごと冷ますと、白く仕上がる。

里芋 皮つきのままゆでて皮をむく

1
洗った里芋は生のまま皮をむくこともあるが、皮のままゆでるとよい。一周ぐるりと包丁を浅く入れてゆでれば、あとで皮がむきやすい。

2
里芋をなべに入れ、かぶるくらいの水を加えて煮立て、中火にして10～15分ほどゆでる。竹串がスッと入ればOK。

ふき　板ずりで色鮮やかに

1
葉、かたい根元を切り落とし、なべに入る長さに切り揃え、多めに塩をふって板ずりする。塩は色を鮮やかにし、アク抜きにも役立つ。

2
たっぷりの沸騰した湯に塩がついたまま入れ、3〜5分ゆでる。冷水にとって冷まし、皮をむく。

memo

アクって何?

アクとは、苦味、渋味、えぐ味などの味のこと。竹の子には強いえぐ味があり、鮮度が落ちるにしたがって増えるので、掘りたて以外はアク抜きが不可欠。

竹の子（皮つき）　じっくり時間をかけてゆでる

1
竹の子は下処理をしてなべに入れ、たっぷりかぶるくらいの水を入れる。米ぬかを加えて溶く。このとき、赤とうがらしは入れなくてもよい。

2
落としぶたをして煮立て、中火で60分ゆでる。水が減ったら適宜足す。

3
根元のかたい部分に竹串を刺してスッと通ったらゆで上がり。ゆで上がったらすぐにとり出して洗い、皮をむく。

竹の子（皮なし）　皮をむいてゆでる

1
竹の子は皮をすべてむき、根元のかたい部分のブツブツを薄くむき、なべに入る大きさに切る。なべに入れ、かぶるくらいの水、米ぬかを入れ、皮つきと同様にゆでる。

2
やわらかくなったらとり出して水洗いする。

memo

赤とうがらしは不要?

竹の子のゆで方には「赤とうがらしを入れる」方法を見かけることはあるが、実験した結果、仕上がりに違いはないので、赤とうがらしは省いてもOK。

|魚介類|魚のおろし方・切り方

魚のおろし方は難しく感じるものですが、
1つずつ手順を追っていけば大丈夫。
自分でおろすと焼いても煮ても、刺し身にしても
ひと味違うおいしさが楽しめます。

三枚おろし 魚のおろし方の基本（写真はアジ）

1 うろこ、ぜいごをとる。頭を左、腹を手前にして置き、尾のつけ根から浅く包丁を入れ、ぜいごをとる。うろこは尾から頭に向かって包丁でこすりとる。

2 頭を落とす。胸びれの下に包丁を斜めに深く入れ、裏返して同様にし、頭を切り離す。

3 内臓をとり除く。頭を右、腹を手前にして置き、腹びれを切り落とし、包丁で内臓をかき出す。

4 洗う。腹を開いて流水をかけながら、内臓の残り、血合いの部分をきれいに洗う。ペーパータオルでしっかりふきとる。

5 腹側に包丁を入れる。頭を右、腹を手前にして置き、写真のように包丁を入れて中骨に当たったら、尾のほうに切り進める。

6 背側に包丁を入れる。裏返して頭を左、背を手前にして置き、写真のように包丁を尾のつけ根に入れ、頭まで切り進める。

7 中骨に沿っておろす。尾側から包丁をねかせて入れ、中骨に沿って切り進め、上の身が切りとれたら、尾を切り離す。

8 裏返して背側に包丁を入れる。背を手前にして置き、包丁を頭から中骨に当たるところまで入れ、尾まで切り進める。

9 腹側に包丁を入れる。腹を手前にして置き、包丁を尾のほうから入れて頭まで切り進める。

10 あらためて包丁を尾側から入れ、中骨に沿って中骨を切り離すように切り進める（3枚におろせた状態）。

11 2枚の身の腹骨をそぎとる。腹側を左にして置き、包丁をねかせてすくいとるようにそぎとる。

12 完成。キンメダイ、スズキ、サバ、タイなども同じようにおろす。

姿焼きの下処理　まるのまま焼く・煮るときの下ごしらえ

1 うろこ、ぜいごをとる。頭を左、腹を手前にして置き、尾のつけ根から浅く包丁を入れ、ぜいごをとる。うろこは尾から頭に向かって包丁でこすりとる。

2 エラをとる。頭と腹を上にして持ち、エラブタを広げてエラのくっついている部分に包丁の刃先を入れ、ひねってエラをとり出す。

3 頭を右、腹を手前にして置き、胸びれと腹びれの間に切り込みを入れ、内臓をきれいにかき出す。

4 腹の中を洗う。流水をかけながら内臓の残り、血合いの部分をきれいに洗う。

5 水けをふく。魚の表面、腹の中をペーパータオルでしっかりふく。

memo

紙をうまく使う

魚をおろすときに新聞紙を敷いたり、魚の内臓を古紙に包んで捨てたり、カキの水けをペーパータオルでふくなど、魚介の下処理には紙が大活躍。紙を上手に使えば、台所が生ぐさくなるのを防げるので魚介料理がラクに。

111

腹開き 干物、天ぷら、フライに向く開き方

1 頭を落とす。胸びれのすぐ下に包丁を斜めに深く入れ、裏返して同様にし、頭を切り離す。腹を切り開いて内臓をかき出し、流水できれいに洗う。

2 腹側に包丁を入れる。頭側を右、腹を手前にして置き、包丁を頭のほうから入れ中骨に沿って切り開く。

3 開いて置き、中骨の下に刃先を入れて尾まで切り進め、中骨を切りとる。次に腹骨をすくうように切りとり、残った小骨を骨抜きで抜く。

手開き イワシは身がやわらかいので手で開く

1 頭を落とす。胸びれのすぐ下に包丁を斜めに深く入れ、裏返して同様にし、頭を切り離す。

2 内臓をとり除く。頭側を右、腹を手前にして置き、腹びれを切り落とし、包丁で内臓をかき出す。

3 洗う。腹に指を入れて内臓の残り、血合いの部分をきれいに洗う。表面、腹の中の水けをペーパータオルでしっかりふきとる。

4 身を開く。頭側の中骨のつけ根の上に親指を当て、少し力を入れながら中骨をしごくようにして尾まで進め、開く。

5 中骨をとる。中骨と尾びれのつながっている部分を折り、ここから頭側に向かって中骨をはがしてとる。

6 包丁をねかせて腹骨をすくうように切りとる。

刺し身の下ごしらえ　おろした身の皮、小骨をとる

1

皮をはぐ（引くともいう）。アジ、イワシは手で皮をはぐ。三枚おろしにしたあと、頭側の角から皮を持ち、尾のほうに向かって一気にはがす。

2

おろした身の真ん中には小骨があるので、指でなでながら骨を探し、骨抜きで抜いていく。酢じめの場合も不可欠な下ごしらえ。

刺し身の切り方

● そぎ切り

小骨をとった身に包丁をねかせて入れ、斜め手前に引きながら切る。身が薄い魚、アジ、イワシ、サンマ、ヒラメ、タイに向く。

● 細切り

"細作り"ともいい、あえ物にも。小骨をとった身を端から3mmほどの幅で細く切る。サヨリのような身の細い魚、小さめのアジ、イカに向く。

● たたき

アジのたたき、なめろうの切り方。小骨をとった身を細切りにし、包丁を上下にリズミカルに動かし、好みの加減にたたく。

● 角造り

魚のさく（刺し身や寿司用に切り分けたもの）を2cm厚さほどの棒状に切り、さらに2cm幅に切ってさいころ状にする。

● 平造り

魚のさくを横にして置き、包丁を直角に当て、手前に引きながら1cm幅くらいに切る。

|魚介類| エビ・イカ・貝の下処理

エビ、イカ、貝を使いこなすと、
和洋中エスニックと
料理のバリエーションが広がります。
それぞれの下処理のポイントを。

エビを洗う 冷たい水を使って手早く

1
殻つきのエビは、水を
はったボウルにそのま
ま入れ、手早くもみ洗
いし、ざるに上げる。

2
むきエビは、水をはっ
たボウルでふり洗い
し、殻や足などのかけ
らを注意してとり除
く。長く水につけると
味が抜けるので手早く
する。

エビの殻をむく 冷凍エビの場合は解凍してから

エビの腹から指を入れ、一気にぐるりとむ
く。頭のほうの足をつまみ、ここから指を
入れるとラク。殻といっしょに足もとれる。

エビの背ワタをとる 殻つき、むきエビで方法が違う

1
殻つきは、背を丸めて持ち、殻の節と節
の間に竹串を差し込み、背わたを引き上
げてとる。

2
むきエビは、背を丸めて持ち、一番高い
部分に竹串を差し込んでとるか、包丁で背
に浅く切り込みを入れてとる。

エビの揚げ物 油ハネを防ぐ➡姿よく仕上げる

1
エビの尾の水けを出して油ハネを防ぐ。
尾を開いて押さえ、尾の先端を少し切り
落とす。包丁の先でしごき、水けをこそげ
出す。

2
さらに、尾の中の剣先（とがってするどい
部分）を切り落とし、中の水けをしごき
出す。

エビをまっすぐにするために、腹側の身
の関節に切り込みを入れる。等間隔に3
〜4か所入れ、エビの両端を持ってぐっと
伸ばす。

イカをおろす　胴と足を分け、わたをはずす

1 足のつけ根をはずす。右手で足を持って胴の中に指を入れ、足がつながっている部分を探し、ここを引っぱってはずす。

2 左手で胴をしっかり押さえ、右手で足を引っぱる。わた、墨袋は破れやすいので注意し、力を加減しながら慎重にする。

3 胴の中の軟骨をとり、流水でよく洗って水けをふき、胴の皮をエンペラを引っぱって一気にはがしとる。

4 わたと墨袋を破かないように注意して切りとる。足についているくちばし、目玉を切りとる。

5 足を切り分ける。つけ根を切り離して開き、長い2本の足はほかの足と切り揃える。

6 胴を縦に切り開き、残っている軟骨をとり、汚れがあればペーパーでふきとり、薄皮を手ではがす。

イカの皮をむく

エンペラを引っぱって皮がむけなかったときは、ペーパータオルを使って皮の端をつかんではがす。また、縦に浅い切り込みを入れてきっかけにしても。

イカの胴を切る

胴を開かずに、輪切りにするとイカリングに。フライ、煮つけなど使いみちが多い。

イカの足の下処理

足は長さを切り揃え、包丁で吸盤をこそげとる。

下ごしらえ

アサリの砂抜き

1
アサリを海水程度の塩水（3%）に浸し、新聞紙などで光をさえぎり（アサリが吹き出す水で周囲が濡れるのも防ぐ）、3時間ほどおいて砂を吐かせる。

2
砂抜きしたアサリは、流水を当てながら貝どうしをこすり合わせて洗い、貝の表面の汚れを落とす。

memo
砂抜きの塩水
アサリの塩水は濃度3%で。水500mLに塩大さじ1の割合。海水と同じくらいにして貝を活動的にして砂をよく吐かせる。シジミは濃度1%で、水500mLに塩小さじ1。あまり濃度が濃いと死んでしまうので注意する。

シジミの砂抜き

真水か真水に近い塩水（1%）に浸し、アサリ同様に砂抜きし、洗う。

アサリのむき身を洗う

むき身はざるに入れ、水をはったボウルの中でふり洗いし、殻のかけらなどをとり除く。

memo
アサリの冷凍
砂抜きしたアサリは冷凍保存できる。冷凍保存袋に入れて空気を抜き、密閉して冷凍庫へ。3週間保存でき、使うときは必ず凍ったまま加熱調理すること。冷凍アサリは加熱したときに成分が出やすい。

カキを洗う

1
カキはぬめりや汚れがたくさんついているので、塩水（3%）の中でふり洗いし、真水にして何度か水をかえながらきれいになるまで洗う。

大根おろしで洗う方法も。大根おろし（汁ごと）の中にカキを入れ、もみ洗いし、真水ですすぎ洗いする。大根おろしの代わりにかたくり粉を使っても。

2
洗ったカキはざるに上げ、ひとつずつペーパータオルで水けをふく。特にフライにするときは念入りに。

|肉類| 肉の下処理

レシピに合わせた切り方のコツをつかみ、下処理をきちんとすることで、いつもの肉料理がグッとおいしく仕上がります。基本の下ごしらえのポイントを覚えましょう。

鶏肉の下処理

1
肉のまわり、肉と皮の間にある脂肪、余分な皮、白いすじ、血管をとり除く。仕上がりの脂っぽさが抑えられ、カロリーダウンにもなる。

2
皮側を上にしてフォークでまんべんなく刺して穴をあける。皮が縮みにくくなり、形よく仕上がる。

ささ身のすじをとる

白いすじの両脇に3〜4cmの切り込みを入れ、ささ身を包丁の背で押さえながら左手ですじの端を持ち、引っぱって抜く。

鶏肉を一口大に切る

皮を下にして3〜4cm角に切る。皮は包丁が入りにくいので、下側にして切るのがコツ。

鶏肉をそぎ切りにする

鶏むね肉は角切りより、包丁をねかせて斜めに入れ、薄めのそぎ切りがおすすめ。加熱時間が短くてすむのでやわらかく仕上がる。

薄切り肉を細切りにする

牛肉や豚肉の薄切りを重ね、端から一定の幅で細切りにする。青椒肉絲などのいため物に向く。

塊肉の下処理

1
表面にフォークをまんべんなく突き刺す。味がなじみやすく、火の通りもよくなる。

2
焼き豚や煮豚などの場合、たこ糸を巻きつけて形を整えることで火の通りが均一になり、切り分けたとき形が揃ってきれいに。

ひき肉だね

ハンバーグなどのひき肉だねは、最初に塩をしっかり混ぜるのがコツ。塩とたんぱく質が反応するので、粘りが出てつなぎになり、うま味を閉じ込める。

|肉類| 内臓類の下処理

独特な食感や風味が楽しめる
内臓類をおいしくいただくために、
正しい下処理のやり方を確認しましょう。

レバーの下処理 　血抜きをする

1
料理に合わせた大きさに切る。下処理されていない鶏レバーの場合は、脂肪と血の塊をとり除いてから切り分ける。

2
ボウルにレバーを入れて水をはり、軽く洗って水をきり、新しい水にかえて5〜10分さらして血を抜く。

3
レバーの中の血の塊を探し、抜きとる。仕上げに新しい水にかえ、もみ洗いし、ざるに上げてペーパータオルで水けをしっかりふく。

砂肝の下処理 　薄皮と身を分ける

1
砂肝は、左右対称になっているので、その真ん中（白い膜でつながっている部分）を切って半分にする。

2
身を上にして置き、身と白い膜の間に包丁を入れてそぐようにして身をはぎとる。身に白い部分が残っていたらとり除く。

3
薄皮（左）と身（右）。薄皮はかたくて食べにくいが、細かく切り込みを入れて揚げ物などにすることも。

|豆類| 豆腐の水きり・豆をゆでる

むずかしいと思いがちなゆで豆や煮豆も、じっくりと時間をかければ好みや用途に合わせて作れます。

豆腐の水きり 　料理に合わせて水けをきる

1
豆腐ステーキ、揚げ出し豆腐などの水きりは、しっかりめに。ふきんに包んで軽く重し（皿、バットなど）をのせ、30分ほどおく。

2
くずれてもOKな場合（白あえ、いり豆腐など）の水きりは、沸騰した湯に豆腐をくずし入れて3〜5分ゆで、ざるに上げる。

大豆をゆでる 豆を充分にもどすのがコツ

1 大豆はさっと洗ってなべに入れ、豆の4〜5倍量の水を加え、1晩（8時間）浸す。そのまま強火にかけ、煮立ったらアクをすくいとる。

2 フツフツと静かに煮立つ程度の弱火にし、1時間ほどゆでる。

3 豆が水面から出てしまうとよく煮えないので、煮汁が常に豆の上2〜3cmになるよう、水を適宜足す。

あずきをゆでる もどさないでゆでてよい

1 あずきはさっと洗ってなべに入れ、豆の3倍量の水を加えて強火にかける。

2 煮立ったら一度ゆでこぼす。3倍量の新しい水を加えて煮立て、静かに煮立つ程度で煮る。現在はアクが少ないので、おはぎやぜんざいなどに使うときはゆでこぼさなくてよい。

3 赤飯の場合は、少しかためにゆでてざるにあけ、ゆで汁と豆に分ける。ゆで汁はもち米の浸水に使う。

黒豆を煮る 煮汁に浸すのがポイント

1 黒豆の煮汁（しょうゆ、砂糖など合わせたもの）をひと煮立ちさせ、ここにさっと洗った黒豆を入れ、1晩浸してもどしながら味をしみ込ませる。

2 煮立たせて弱火にし、落としぶた、なべぶたをし、5〜8時間煮る。途中でふたをとらないこと。やわらかく煮えたら煮汁につけたまま1晩おく。

レンズ豆をゆでる

レンズ豆はさっと洗い、豆の3倍量の水となべに入れ、煮立ったら弱火にし、20分ほど煮る。

あえる

「あえる」とは、下ごしらえした野菜や魚介などの食材に、
あえ衣を絡ませたり、合わせ調味料をかけて混ぜる調理法です。

2. 具の水分を出さない工夫

塩をふって脱水させたり、加熱して水分が出ないようにする

味がついていない具を衣であえると、あえ衣の塩分の浸透圧によって、具の水分を引き出してしまうので、仕上がりが水っぽくなる。それを防ぐために、塩をふって脱水させたり、煮汁で煮るなど加熱して水が出ないようにする。

■ きゅうりの脱水（水の出方）

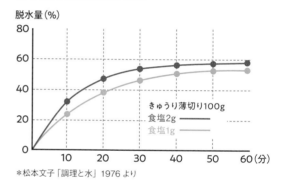

脱水量(%)

きゅうり薄切り100g
食塩2g ━━━
食塩1g ━━━

＊松本文子「調理と水」1976より

■ あえ酢の吸収（きゅうり100g）

ふり塩量	20分後脱水量	5分後あえ酢吸収量
1g	35g	15g
0g	0g	−15g

＊『野﨑洋光のおいしさの秘密』（松本仲子）より

1. あえ物の具と衣の関係

下調理したものをきちんと冷ましてから合わせる

あえる料理では、あえる衣とあえられる具とが単独でもおいしいことが大切で、これらが合わさることで相乗効果を生み、さらにおいしくなる。具と衣は、下調理したあとに冷ましてから合わせる。温度を低くして合わせると味がなじみにくいので、具や衣がかなり濃厚なものであってもくどさがなく、さっぱりとした味わいに。あえる衣とあえられる具の違いによって、あえ物、酢の物、浸し物、サラダなどになる。

3. あえるタイミングは？

衣であえる場合は、食べる直前にあえる

白あえなどのように具を下煮した場合は、完全に冷めてからざるに上げ、汁けをよくきって衣であえる。あえて時間が経つと、水が出て水っぽくなるので、あえるのは食べる直前が基本。ごまあえ、酢の物も同様に。

あえ衣であえる

あえ衣を作り、下調理した食材をあえる。その代表的な料理の1つ、白あえをおいしく作るコツを紹介します。

豆腐は裏ごさず、すり鉢で250回くらいすっても

豆腐をすり混ぜる回数を多くすることで、裏ごしした白あえ衣に近い、なめらかな舌触りになる。する回数を200〜250回にすると、空気を抱き込んでふんわりとおいしくなる。

豆腐はゆでて水けをきることも

ふんわりとした白あえの衣は、豆腐の水けをしっかりときること。豆腐の水をきるときは、重しをするほかに、熱湯に豆腐を切って入れ、サッとゆでて絞ると時間が短くてすむ。

具を下煮する

煮ることによって具をやわらかくし、なめらかな衣とのなじみをよくする。さらに、下煮で味がしみ込んだ具を味のついた衣であえることで、水っぽくない白あえができる。ただし、あまりやわらかく煮ると煮汁のきれが悪くなり、べたついた白あえになるので注意する。

・衣の調味は P123 参照

三杯酢であえる

三杯酢は、合わせ酢の代表。作り置きしておくと便利です。あえ酢をなじませるコツ、酢の種類、二杯酢との違いについて紹介します。

脱水させることであえ酢を含みやすくする

輪切りにしたきゅうりに塩をふったあとに、ふり水をするのがコツ。先にふった塩が溶けて塩水になり表面を覆うので脱水が早い。水分が抜けたあとにあえ酢を加えると、きゅうりに合わせ酢がたっぷり入り込む。

酢の特徴と酸の種類

一般的なのは米酢、穀物酢だが、ときには違う酢にトライ。酢は種類によって主成分の酸が違い、風味や酸味も違うので、いつもの酢の物、サラダのアレンジに役立つ。

米酢	主成分は酢酸。原料は米。まろやかな酸味とコクが特徴。寿司酢、酢の物、中国料理に使う。
穀物酢	主成分は酢酸。原料は米、麦、トウモロコシ、酒粕など。米酢よりさっぱりした味わい。
りんご酢	主成分はりんご酸。原料はりんご。すっきりとした甘い香りが特徴。サラダ、ドリンクにおすすめ。
レモン酢	主成分はクエン酸。原料はレモン果汁。さっぱりして使いやすい。サラダ、ドリンク、肉や魚料理に。
ブドウ酢	主成分は酒石酸。原料はワイン。ワインビネガーともいい、ピクルス、サラダに使う。

二杯酢と三杯酢の違い

二杯酢は、酢としょうゆを合わせたもので、主に魚介に使う。三杯酢は、酢としょうゆとみりんを合わせたもので、酢の物全般に使う。どちらも昔は同量ずつ合わせたので二杯、三杯と呼んだが、現在ではしょうゆ、みりん（砂糖）を少なめに合わせることが多い。

・合わせ酢の配合は P123 参照

調理法

生野菜を
あえる

生野菜のあえ物といえばサラダ。シャキシャキした野菜の食感を生かし、おいしく作るためのポイントを紹介します。

食べる直前に
下味をつけて
あえることもある

ドレッシングであえる前に、野菜に下味を絡めるのがコツ。いきなりあえるよりドレッシングが絡みやすくなる。水けをよくきった野菜を大きいボウルに入れ、塩、こしょうを軽くふって混ぜ、ドレッシングを少しだけ加え、さっとあえて下味をつける。

野菜の水けをふき、冷蔵庫で冷やしておく

葉野菜、きゅうりなどは冷水につけてパリッとさせ、水けをきる。ざるに上げるだけでなく、ペーパータオルやふきんで包み、よりしっかり水けをとること。ドレッシングが絡みやすくなり、水っぽくならない。さらに、食べる直前まで冷蔵庫で冷やしておく。

調味料を順にかけるとさっぱりとした味わいに

野菜に油をかけてあえ、塩、酢、こしょうを順に加えてあえる方法もある。シンプルなサラダが食べたいときは、これがおすすめ。調味料の味が際立ち、はじめに油であえることで野菜の水けが出にくいメリットも。

■ ドレッシングの調味順序の違いによる
　野菜からの分離液(水)の出方の違い

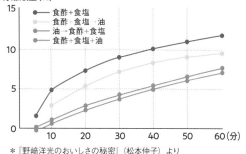

分離液量(%)

凡例:
- 食酢+食塩
- 食酢+食塩+油
- 油→食酢+食塩
- 食酢+食塩+油

＊『野﨑洋光のおいしさの秘密』(松本仲子)より

ゆでじゃが芋を
あえる

じゃが芋をゆでてマヨネーズであえるポテトサラダ。じゃが芋の味を引き立てるポイントを覚えましょう。

じゃが芋が
熱いうちに
下味をつける

ポテトサラダの味を決めるポイントは下味。ゆでたて熱々のじゃが芋は、でんぷんが膨らんですき間ができた状態なので、このタイミングで塩、酢、油、こしょうなどで下味をつけると、味がなじみやすい。

ポテトサラダは冷蔵庫で
冷やすと食感が悪くなる

ポテトサラダは冷蔵庫で冷やさず、できたままを食卓に。理由は、ゆでたじゃが芋のでんぷんはα化しているので口当たりがなめらかでおいしいが、冷やすとせっかくα化したでんぷんが老化して食感が悪くなってしまうから。

マヨネーズであえるのは粗熱がとれてから

マヨネーズは酢と油が卵黄に含まれるレシチンによって乳化したもの。この乳化は高温によって壊れ、酢と油が分離してしまうので、じゃが芋が熱々のうちにあえると味や口当たりが悪くなる。必ず粗熱がとれてからあえること。

合わせ酢配合表（2～3人分 材料200gに対して）

種類		酢	塩	しょうゆ	塩分	砂糖	糖分	だし	その他	相性のよい材料
二杯酢	分量	大さじ1弱（0%）	—	大さじ1/2※	0.7%	—	—	適量	—	●主に魚介類の酢の物の下味用
	容量比	2	—	1		—				
三杯酢	分量	大さじ1（8%）	—	小さじ1と1/2※	0.7%	小さじ2/3	1%	適量	—	野菜、海藻、きのこ類、魚介類、鶏肉の酢の物全般 ●酢の一部を柑橘汁にかえると美味
	容量比	2	—	1		0.5				
甘酢	分量	大さじ1と1/3（10%）	小さじ1/4	2～3滴	0.7%	大さじ1と1/2	7%	—	—	タコ、イカ類 ●甘味が強いので野菜の甘酢漬けに
	容量比	16	1	+		18				
ポン酢	分量	柑橘類の搾り汁 大さじ1弱（6%）	—	小さじ1と1/2	0.7%	—	—	適量	—	きゅうり、うど、トマト、ゆり根、ぶどう、山芋、海藻、イカ、エビ、タコ、貝柱、白身魚、鶏肉
	容量比	1.5	—	1		—				
黄身酢	分量	大さじ1強（8%）	小さじ1/6	—	0.5%	小さじ2	3%	適量	卵黄1個	きのこ類、れんこん、にんじん、海藻、イクラ、貝柱、白身魚、蒸し鶏肉
	容量比	20	1	—		12				

※白く仕上げたいときは、しょうゆの塩分量を塩におきかえる

和風あえ物の衣配合表（2～3人分 材料250gに対して）

種類	土台になる材料	塩	しょうゆ	塩分	砂糖	糖分	その他	相性のよい材料
白あえ	豆腐1/2丁（200g）を絞って120g（あえる材料の50%）	小さじ1/3	小さじ1/2	1%	大さじ1/2	2%	あたりごま 大さじ1と1/3	にんじん、こんにゃく、ひじき、さつま芋、ぜんまい、きのこ類、青菜
白酢あえ	豆腐1/2丁（200g）を絞って120g（あえる材料の50%）	小さじ1/3	2～3滴	0.8%	小さじ1/2	2%	あたりごま 大さじ1と1/3、酢小さじ2	きゅうり、竹の子、ふき、大根、れんこん、エビ、イカ、サヨリ、貝類、クラゲ、鶏肉
うの花あえ	おから100g	小さじ1/2弱	—	1%	大さじ1と1/3	5%	酒大さじ1、酢大さじ1	酢じめやこぶじめの魚介類、エビ
ごまあえ	ごま大さじ2～3	—	小さじ2と1/2	1%	小さじ2と1/2～4	3～5%	だし適量	青菜、白菜、せり、もやし、なす、キャベツ、さやいんげん、うど、れんこん
ごま酢あえ	ごま大さじ2	—	小さじ2	0.8%	大さじ1	4%	酢 大さじ1～1と1/2、だし適量	きゅうり、ごぼう、なす、キャベツ、大根、れんこん、きくらげ、柿、こんにゃく、きのこ類、白身魚、貝類
酢みそあえ ［からし酢みそあえ］	赤みその場合大さじ1（18g） 白みその場合大さじ2（36g）	—	—	0.9% 0.9%	大さじ1	4%	だし大さじ2 酢大さじ1 ［溶きがらし適量］	わけぎ、ねぎ、うど、三つ葉、レタス、にら、竹の子、山菜、わかめ、イカ、アサリ、アオヤギ、マグロ、さらしクジラ
みそあえ	赤みそ大さじ1と2/3（30g）	—	—	1.5%	大さじ1/2	2%	酒大さじ1と1/3	酢みそあえと同じ
木の芽あえ	木の芽20～30枚、白みそ40g	—	—	—	大さじ1	4%	だし適量	竹の子、うど、イカ、赤貝、貝柱、焼き豆腐
ピーナッツあえ	ピーナッツバター30g	—	小さじ2	0.8%	大さじ1	4%	だし適量	ごまあえと同じ 菜の花、にら、セロリ
梅肉あえ	梅干し1個（10g→塩分2g）	—	小さじ1	1.2%	みりん 小さじ2/3	0.8%	—	もやし、根三つ葉、つまみ菜、きゅうり、うど、鶏肉、イカ、エビ

ゆでる

「ゆでる」とは、沸騰した湯の中で食材を加熱する調理法。
卵、枝豆などゆでるだけで食べられるものもありますが、
下調理としての役割が多くなります。

1. ゆでる目的って何？

下調理として、多くの料理を支える

ゆでる目的は幅広い。野菜をやわらかくし、卵を固め、めんのでんぷんをα化し、肉の脂を抜くなど、さまざまな料理の下調理として欠かせないプロセス。

● 組織をやわらげる
● たんぱく質を凝固させる
● 緑黄色野菜の色を鮮やかにする
● 野菜や果物の褐色を止める
● でんぷんのα化
● 魚、肉などの脂を除く

2. ゆでる目的を効果的にする補助剤

塩 緑黄色野菜のクロロフィルを安定させて緑色を鮮やかにしたり、口当たりをよくする。卵、魚、肉のたんぱく質を凝固させる。

塩は湯の0.5～1％の割合。水1Lに塩小さじ1～2が目安。

緑黄色野菜を色よくゆでる必要があるときは、塩を加える。

魚のあらに塩をまぶしてゆで、汚れ、アクをとり除く。

じゃが芋は塩を入れた湯でゆでるとホクホクする傾向がある。

酢 れんこん、ごぼうのフラボノイド色素を白くし、れんこんのたんぱく質を凝固させてシャキッとした歯ごたえにする。

熱湯1Lに酢大さじ1～2を目安に加える。

ごぼうは切り方や好みのかたさに合わせ、ゆで時間を変える。

重曹 野菜や豆などのかたい組織を軟化して、アクを抜く。また、色よくゆで上げる効果もあり、わらびなどに。

米ぬか 竹の子のアクは、ゆで湯に分散したぬかの粒子が吸着することでとり除ける。

3. 切ってからゆでても味わいは変わらない

**調理の簡便化を考えると
青菜は切ってからゆでたほうがよい**

ほうれん草などの青菜を切ってからゆでたものと切らずにゆでたものを比較すると、栄養成分では切ったもののほうがビタミンC、カリウムとも多く、味わいでは差はほとんどなかった。簡便化を考えると、切ってからゆでるのがおすすめ。

青菜をゆでる

ゆでる基本といえば青菜。昔ながらのゆで方、現代ならではの新常識を合わせ、おいしいゆで方を覚えましょう。

たっぷりの熱湯で青菜は切ってからふたなしでゆでる

青菜を色よくゆでるには、たっぷりの湯を沸騰させたところに入れ、ふたをせずにゆでる。用途に合わせた長さに切ってからゆでてOK。まるごとゆでるより簡単で、栄養、味ともにほとんど変わらない。

ゆで上がったら手早く冷水にとる

青菜の緑色の色素、クロロフィルは高温に長くさらすと退色するので、ゆでたらすぐに冷水にとり、素早く冷ます。また、冷水につける間にもアクの成分、シュウ酸が減る。水にさらしすぎると味、栄養ともに抜けるので注意する。

■ ほうれん草のゆで時間および水さらしによるシュウ酸含有量の変化

※生のほうれん草のシュウ酸含有量=600±131mg/100g

シュウ酸(%)

	18%減	24%減	34%減	40%減
	1分ゆでる	1分ゆでて1分水にさらす	3分ゆでる	3分ゆでて1分水にさらす

*吉田ほか「女子栄養大学紀要」1999 より

水けの絞り加減

冷ました青菜は、水けをよく絞ると料理が水っぽくならない。まるごとゆでた場合は、根元から葉に向けて絞り、切ったあとももう一度絞るとよい。

淡色野菜をゆでる

淡色野菜は、色みやアクを気にしないで、やわらかくおいしくゆでることがポイント。青菜とは違うコツをチェックして。

ひたひたの湯でふたをしてゆでる

キャベツ、白菜のように色やアクを心配しなくてよい野菜は、青菜のようにたっぷりの湯は必要ない。材料が浸る程度でOK。ふたをしてゆでるとやわらかく仕上がる。

ゆで上がったらざるに広げて冷ます

ゆで上がったら、色止めする必要がないので水にとらず、ざるに広げて水けをきる。水にとるとうま味、甘味が抜けてしまい、水っぽくなる。

生上げ（おか上げ）について

水にとらずにざるに上げ、冷ますことを生上げ（きあげ）という。キャベツ、白菜、カリフラワーなどに向く。

調理法

そうめんをゆでる

そうめんは、冷たくのど越しよくゆでたいもの。ゆで方のコツ、ゆでたあとの上手な扱いをマスターしましょう。

たっぷりの熱湯で手早く一気にゆでる

たっぷりの湯とは、そうめんの重量の7〜10倍。これを沸騰させ、そうめんをパラパラ入れ、菜箸で大きくかき混ぜる。再び煮立ったらでき上がり。やわらかめにしたいときは、火を弱めてふきこぼれに注意し、好みの加減までゆでる。

ゆで上がったら湯をきり、流水で洗う

ゆで上がったらすぐにざるに上げ、流水でよく洗う。そうめんの表面と内部の温度差があるうちに水にさらすことで、強いこしが出て、めんが引きしまって歯ごたえよく仕上がる。

> ゆでたら30分以内に食べる

めんがのびるとは、めんが水分を吸い込んで表面と中心の差がなくなり、均一の状態になってしまうこと。このタイムリミットが30分。これをすぎると食感が悪くなり、表面がべたついてしまう。

■ そうめんをゆでたあとのおいしさとこしの強さの変化

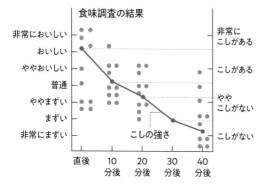

＊小川玄吾「化学と生物」1974 より

パスタをゆでる

パスタ料理のおいしさは、パスタのゆで方ひとつで決まります。ゆで方の基本としくみを知り、手際よくゆでましょう。

たっぷりの湯に塩を加え強火でゆでる

深めのなべにたっぷりの湯を沸かし、塩を加える。量は乾めん100gに対し、湯1Lに塩大さじ1を目安にする。塩はめんのこしを強くし、下味をつける。また、めんを入れたら強火のままゆで、85〜95℃を保ってでんぷんを急激に糊化させる。火力が弱いと粉っぽさが残る。

パスタを入れたらしばらくの間混ぜるワケ

パスタの束をねじるようにしてなべに入れるとめんが広がってくっつきにくい。さらに、めんの表面のでんぷんが吸水、α化を始めるのでくっつきやすくなっているので、入れてしばらくは菜箸で軽くかき混ぜるとよい。

> 吹きこぼれそうなときは差し水ではなく、火を弱める

吹きこぼれそうになったら、差し水では湯の温度が下がるので、火を弱めて沸騰を抑えること。ただし、ゆで時間が長い太めんの場合は、差し水をして表面の加熱を抑えたほうが、中心に芯が残るのを防ぐ。

■ ゆで湯の温度の変化

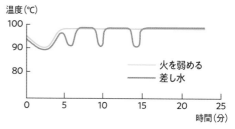

＊渋川祥子, 日本家政学会九州支部研究発表要旨, 1968 より

しゃぶしゃぶ肉を ゆでる

薄切りの肉をおいしくゆでるポイントは、湯の温度に気をつけ、こんぶを加えてうま味を補うこと。なべ物、冷しゃぶを格上げしてくれるでしょう。

おだやかな 沸騰状態で さっと火を通す

肉をおいしく加熱する温度は65℃がベスト。しゃぶしゃぶなべの場合、この温度に保つと野菜が煮えないので、おだやかに沸騰するくらいの火加減にし、肉は色が変わったらすぐに引き上げて煮えすぎを防ぐ。

湯にこんぶを加えてうま味をアップ

湯にこんぶを加えると、そのうま味成分グルタミン酸が肉のうま味のイノシン酸と相乗効果を生み、うま味がアップする。そのためなべの煮汁のうま味が強くなるので、野菜がおいしく食べられる。

> 肉は65℃でゆでるとやわらかくジューシー

肉のたんぱく質は65℃前後で凝固する。これより高温だとすじ繊維がかたくしまり、肉汁が逃げてしまう。冷しゃぶなどでは、なべ底がフツフツ沸いてきたくらいでゆでるのがおすすめ。

■ 食品のたんぱく質の凝固温度(℃)

肉	65
魚(ブリ、サバ)	40〜60
魚介(イカ)	40〜60
卵黄	65〜75
卵白	60〜80

＊『野﨑洋光のおいしさの秘密』(松本仲子) より

塊肉を ゆでる

上手な塊肉のゆで方を、ゆで豚で覚えましょう。作り置きしておくと忙しいときの献立作りに役立ちます。

ふつふつと煮立つ 程度の火加減で 時間をかけてゆでる

塊肉は高温、短時間では中まで火が通らないので、ふつふつとおだやかに煮立つくらいの火加減で長時間ゆでるのがコツ。500gの場合、40〜50分ゆでるとよい。また、しょうが、にんにく、長ねぎ、セロリ、パセリの茎、ロリエなどの香草を加えると、よい風味がつく。酒、ワインなどを加えても。

豚肉のタコ糸でしばる理由

ゆで豚はタコ糸で巻いて形を整え、均一に火が通るようにする。煮くずれを防ぐことができるとともに、でき上がりを切ったとき、形が揃ってきれいに仕上がる。

> ゆでてから塩をまぶす

ゆでる前に塩をまぶす方法もあるが、ゆでたあとにまぶすのもおすすめ。表面に塩けを強く感じるので、味がはっきり際立つ。減塩したいときにもよい方法。

調理法

和風めん類のつけ汁・かけ汁配合表 (2人分、ゆでめん1人分=200g)

種類			汁 (1人分目安量)	和風だし		しょうゆ		みりん	
				分量	容量比	分量	容量比	分量	容量比
つけ汁	そば	うす味	120mL (塩分3.0g)	1カップ	7	大さじ2	1	大さじ1	0.5
		濃い味	80mL (塩分3.0g)	1/2カップ強	4	大さじ2	1	大さじ1	0.5
	そうめん きしめん	うす味	120mL (塩分2.5g)	1カップ	8	大さじ1と 2/3	1	大さじ1	0.5
		濃い味	100mL (塩分3.0g)	3/4カップ	5	大さじ2	1	大さじ1	0.5
かけ汁	汁そば うどん		260mL (塩分2.5g)	2と 1/2カップ	20	大さじ1と 2/3	1	大さじ2/3	0.5
	煮込みうどん		300mL (塩分2.5g)	3カップ	24	大さじ1と 2/3	1	大さじ2/3	0.5

ホワイトソース配合表 (でき上がり1カップ分)

種類	液体		小麦粉	バター	塩	塩分	その他
	牛乳	ブイヨン					
略式ホワイトソース*	200g (1カップ)	50g (1/4カップ)	10g ブールマニエ (練り合わせる) 液体の4%	10g ブールマニエ (練り合わせる) 液体の4%	小さじ1/6	でき上がりの 0.5%	こしょう
ホワイトソース	200g (1カップ)	100g (1/2カップ)	15g 液体の5%	15g 液体の5%	小さじ1/6	でき上がりの 0.5%	こしょう
クリームコロッケ**	250g (1と1/4カップ)	50g (1/4カップ)	27g 液体の9%	27g 液体の9%	小さじ1/3	でき上がりの 1%	—
カスタードソース	200g (1カップ)	—	10g 牛乳の5%	10g 牛乳の5%	—	—	卵黄1個 生クリーム40g(牛乳の20%) レモン汁10g(牛乳の5%)

＊温めた液体にブールマニエ(小麦粉とバターを練り合わせたもの。即席のとろみづけ)を溶き混ぜる。
＊＊ハム、ミックスベジタブルや火を通した鶏肉など30〜50%を具としてあえる。ソースにカレーを混ぜても。

トマトソース配合表

種類	完熟トマト水煮 (缶詰可)	その他	香草	塩	塩分
トマトソース (でき上がり900g)	1000g	トマトペースト55g(1/4カップ) 刻みベーコン50g 刻みハム40g 刻みねぎ150g	ロリエ2枚 セロリ8cm パセリ軸3〜4本	小さじ1/2弱	でき上がりの0.3%
簡単トマトソース (でき上がり600g)	1000g	オリーブ油大さじ1 刻みにんにく10g こしょう少々		小さじ1/5	でき上がりの0.2%
即席トマトソース (でき上がり500g)	—	トマトピュレ100g ブイヨン400g ブールマニエ (バター・小麦粉各10g)	ロリエ1枚	小さじ1/6	でき上がりの0.2%

調理の加熱時間／ゆでる（卵・豆・野菜・芋・穀類）

食品	種類	ゆで方	火加減	時間
卵	卵（半熟）	室温に戻し、水からゆでる	強火→弱火	3分
	卵（半熟）			5分
	卵（かたゆで）			10分
豆	大豆（1晩浸水）		弱火	3〜4時間
	えんどう豆（1晩浸水）		弱火	4〜5時間
	うずら豆（1晩浸水）		中火	60〜80分
	あずき（1晩浸水）		中火	40〜60分
	あずき（浸水なし）		中火	60〜90分
	枝豆		中火	5〜15分
野菜・芋	三つ葉	沸騰湯に入れて		1分
	ほうれん草	沸騰湯に入れて		2〜3分
	小松菜	沸騰湯に入れて		2〜3分
	青梗菜	沸騰湯に入れて		3〜4分
	キャベツ	沸騰湯に入れて		2〜3分
	白菜	沸騰湯に入れて		2〜3分
	ブロッコリー	沸騰湯に入れて		4〜6分
	グリーンアスパラガス	沸騰湯に入れて		3〜4分
	うど	沸騰湯に入れて		3〜4分
	根菜類	沸騰湯に入れて		20分前後
	芋類	水から入れて沸騰後		20分前後
穀類	ちまき（もち米4時間浸水）		強火	120分
	乾そうめん		強火	3〜5分
	乾うどん・そば		強火	7〜8分
	乾スパゲッティ		強火	8〜12分
	乾マカロニ		強火	7〜15分
	生めん		強火	4〜5分
	ギョーザ		強火	3〜4分
	ニョッキ		強火	6〜8分

蒸す

「蒸す」とは、蒸し器やせいろの中で水蒸気で食材を加熱する調理法。
水蒸気の熱は食材に均一に行き渡り、形くずれや焦がす心配がないのが魅力です。

1. 蒸すことの調理上の特徴を知る

水蒸気の熱により、食材の表面からまんべんなくおだやかに加熱される

蒸し器の中は水蒸気の対流が起きるだけで、食材が動かないので形くずれしない。また、水や高温の油を用いないので、栄養の損失が少なくてすみ、うま味が溶け出すことも少ない。さらに、加熱温度は常に100℃以下なので、肉や魚がふっくらとやわらかく仕上がり、蒸し水がなくならないかぎり、焦げる心配もない。

2. 調味はどうする?

蒸している間は味つけできないので加熱前に下味をつけたり、加熱後につけ汁やあんをかけたりする

蒸す料理は調理しながら調味できないので、蒸す前に下味をつけるか、蒸したあとにつけ汁やあんをかける。魚のたんぱく質は、加熱して40℃くらいまではうま味が溶出するが、それ以上温度が上がると凝固してうま味が溶出することはなく、味も入らない。

■ 魚介の加熱による溶出たんぱく質量

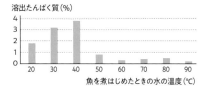

*清水亘「水産利用学」1972 より

3. 加熱するタイミングは?

蒸気が上がった蒸し器に入れる

蒸気が上がらないうちに食材を入れると、蒸気が上がってきたときに食材の表面に触れて水滴になり、食材が水っぽくなってしまう。また、冷たい食材があることで温度がなかなか100℃にならないため、食材の栄養や味成分が流出しやすくなってしまう。

4. 器具のこと

本来は蒸し器、せいろ。地獄蒸しならなべでも

蒸し器は大きく分けて2種類。熱伝導のよいステンレス製と、自然の素材を使ったせいろがある。地獄蒸しの場合はなべやふたつきのフライパンでも。

卵液を蒸す

茶わん蒸し、卵豆腐のように卵液を蒸すときは、すが立たないようにすることがポイント。蒸す温度、時間を覚えましょう。

卵液はこさず、地獄蒸しで作る

地獄蒸しは、茶わんの高さの1/3くらいまで熱湯を入れ、ふたを少しずらして90℃くらいを保って火加減し、蒸す。卵液はこしても、こさなくてもなめらかさに差はないので、こさなくて大丈夫。また、蒸し器がなくても地獄蒸しで作れる。

蒸す温度・時間によって食感が変わる

茶わん蒸しは、90℃以上の温度で蒸すとすが立つので、蒸気が上がった蒸し器に入れたら、ふたを少しずらしたり、火加減に注意する。また、85℃で30分蒸したものはねっとりした食感に、90℃で10分蒸したものはさらりとした食感になる。

卵液をかき混ぜすぎない

卵液は、混ぜることで内部に薄い膜を作って空気を抱え込み、泡を作る。加熱すると泡は放出されるが、残った泡はすになるので、あまりかき混ぜすぎないこと。

■ 茶わん蒸しの評価

	やや悪い (やや弱い)	普通	ややよい (やや強い)	よい (強い)	非常によい (非常に強い)
す立ちの程度	●●				
外観			●	●	
香り			●●		
味		●	●●	●	
なめらかさ				●●	●
やわらかさ				●●	●
テクスチャー			●●		
総合評価			●●		

● 卵液をこして蒸し器で蒸す（常法）　● 卵液をこさずに蒸し器で蒸す
● 卵液をこしてなべで地獄蒸し　● 卵液をこさずになべで地獄蒸し

＊『野崎洋光のおいしさの秘密』（松本仲子）より

鶏肉を蒸す

鶏肉は蒸すことでやわらかく、ジューシーに仕上がります。火加減と蒸す時間のポイントを覚えましょう。

火加減と時間で仕上がりが変わる

強火で短時間蒸すと、鶏肉のにおいが少なく仕上がる。逆に弱火で時間をかけて蒸すと、身がふっくら仕上がるので、用途と好みに合わせるとよい。また、蒸したての鶏肉は、身がやわらかくて切りにくいが、冷ますときれいに切れる。冷ます間は蒸し汁に浸したままおけば、しっとりさが保たれる。

加熱しすぎるとパサつくので注意

肉は加熱すると凝固して保水性を失うため、肉汁が外へ流出してしまう。鶏肉は、肉の中でも保水性が低く、凝固が進むとパサつきやすいので、蒸しすぎには注意する。

皮に穴をあけてから調味する

鶏肉に下味をつける前に、皮目にフォークをまんべんなく刺して穴をあけておくと、味がしみ込みやすく、皮の縮みも防げる。

調理法

卵のうすめ加減（パーセントは液体に対して）

種類	卵（mL）	だし（mL）	だしの割合	塩分	糖分
厚焼き卵（だし巻き卵）	50	15〜16	卵の1/3	0.6% （塩9：しょうゆ1）	0〜10%
卵豆腐	50	50	卵と同量	0.6%	0.1%
牛乳豆腐	卵白50	牛乳50	卵白と同量	0.5%（塩のみ）	―
すくい豆腐	50	100	卵の2倍	0.8% （塩1：しょうゆ1）	―
茶わん蒸し	50	150〜200	卵の3〜4倍	0.6% （塩6：しょうゆ1）	―
カスタードプディング	50	牛乳120	卵の2.5倍	―	15〜18%
スクランブルエッグ	50	牛乳8	卵の1/6	0.5%	―

調理の加熱時間／蒸す（卵・魚・肉類・野菜・芋・穀類）

食品	種類		火加減	時間
卵	茶わん蒸し		強火→弱火	12〜13分
	大鉢蒸し		強火→弱火	18〜24分
	卵豆腐		強火→弱火	12分
	牛乳豆腐（卵白）		中火→弱火	17〜18分
	二色卵		中火	12分
魚	酒蒸し（切り身魚）		強火→中火	10〜15分
	酒蒸し（中姿魚）		強火→中火	10〜15分
	酒蒸し（大姿魚）		強火→中火	20〜25分
	かぶら蒸し		中火	10〜15分
肉類	酒蒸し	鶏胸肉	強火	15〜18分
	シューマイ	ひき肉	中火	8〜10分
	肉団子のもち米蒸し	ひき肉	強火	20分
野菜・芋	なす（なす丸）		強火	8〜12分
	芋類		強火	20〜30分
穀類	おこわ（もち米4時間浸水）		強火	40分前後
	肉ちまき（おこわを笹で巻いて）		強火	20〜30分
	蒸しパン		強火	12〜20分
	包子（パオズ）		強火	10〜15分

煮る

食材を煮汁とともに加熱して、やわらかくし、
あるいはかたくしめながら、味をしみ込ませていく調理法。
食材ごとに、持ち味を生かす煮かたがあります。

2. 野菜・芋を煮るには？

**煮汁はかぶるくらい入れ、
やわらかくなるまで煮て味をしみ込ませる**

野菜、芋類の煮汁は、だしに調味料を加えて作り、量は材料がかぶるくらい用意するのがポイント。煮汁の液面から飛び出した材料には火が通りにくく、味もしみ込まない。やわらかくなり始めたらふたをはずし、1人分大さじ1の煮汁が残るように煮上げる。

3. 煮くずれを防ぐには？

面とり、隠し包丁、落としぶたが効果的

根菜、芋類は煮くずれしやすいので、写真のような工夫が必要。さらに、なべの中で材料がおどってしまうような強火で煮ないことも大切。

面とり	隠し包丁	落としぶた

角切りにした野菜の角をそぎ落し、角を面のようにすること。	材料の裏側に切り込みを入れ、火が通りやすくする。	なべの直径よりも小さなふたをのせ、材料が動いてぶつかり合わないようにする。

1. 食材は煮るとどうなる？

**焦がすことなく中まで加熱され、
味つけも自在にできる**

煮物は煮汁＝水を媒体にして加熱するため、煮汁があれば焦げることなく、かたい食材でも中心まで充分に加熱できる。ゆでる調理法との違いは、加熱中に味つけすることで、好みの調味料を使い、濃いめ、うすめと自在に調味することが可能。また、1つのなべで肉や魚などのたんぱく質食材と野菜などを組み合わせることで、味や香りが合体したおいしさを作ることができる。

4. 魚やイカを煮るには？

**魚介類は早く煮えるうえに
加熱すると脱水するので煮汁の量は少なめに**

魚、イカは脱水しやすいので、少なめの濃い煮汁で煮るのがコツ。こうすることで魚介のうま味を流出させずに加熱、味つけできる。煮汁が少ないので、落としぶたをするとよい。また、煮る量が大量でなければ、煮汁を沸騰させてから材料を入れる必要はなく、なべに煮汁と材料をいっしょに入れて火にかければよい。

調理法

豚バラ肉を煮る
─ 豚の角煮 ─

豚バラ肉を煮るときは、調理の工夫で脂肪をとり除きましょう。脂肪のとりすぎを防ぐうえ、味のしみ込みもよくなり一石二鳥です。

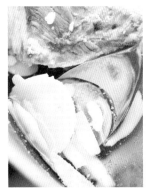

煮ては冷ますことを繰り返して脂肪をとり除く

豚バラ肉を煮るときは、じっくり下ゆでしてやわらかくし、ゆで汁に溶け出した脂肪が完全に固まるまで冷やす。これで脂肪の95%がとり除ける。好みの程度に脂肪を残し、これを調味料を加えた煮汁で煮ると角煮のでき上がり。

角煮には豚バラ肉を使う

豚バラ肉は、肉と脂肪の層が重なっている部位。脂肪の層にはコラーゲンも含まれており、長時間煮ることで溶け、ゼラチン化してやわらかくなる。この白い部分が赤い肉の層と一体になったのが角煮のおいしさといえる。

脂肪は完全にはとり除かない

下煮で脂肪をとり除いたら、調味料を加えた煮汁で煮込む。この段階でも脂肪が溶け出すが、でき上がりの口当たりとコクを与える効果があるので、完全にはとり除かないほうがよい。

■ 下ゆでによって溶出した脂肪とそのエネルギー
（豚バラ肉100gあたり）

	エネルギー(Kcal)	脂質(%)
豚バラ肉 （脂身つき）	386	34.6
下ゆでによって 溶出した脂肪	169	18
下ゆで後の 豚バラ肉	217	16.6

＊データは日本食品標準成分表2015年版（七訂）を使用。

魚を煮る
─ カレイの煮つけ ─

魚の煮物の代表、カレイの煮つけ。生臭くなく、うま味を生かして仕上げるポイントをマスターしましょう。

魚と煮汁をいっしょになべに入れてから火にかける

以前は、魚は煮汁を沸騰させたところに入れるのがルールといわれたが、これは煮る量が多いときのコツ。たっぷりの煮汁は沸くまで時間がかかるからで、現在では煮る量は少なく、火力も強くなっているので、煮汁を先に沸かす必要はない。なべに煮汁と魚を入れ、火にかけて煮立たせればよい。少ない煮汁はすぐに煮立って魚の表面を固め、うま味は溶出しない。1人分大さじ1の煮汁が残るように煮上げ、皿にとって上からかける。

魚は煮る前によく水洗いする

煮魚が生臭くなる原因の1つは、魚の血とうろこ。これらをとり除くために、ていねいに水洗いするとよい。または、霜降り（ざるに並べて熱湯をかけたり、沸騰した湯でさっとゆでる）をして、水洗いしてもよい。

落としぶたで味を均一にする

落としぶたは、食材に直接のせるので食材の動きをある程度抑え、煮くずれを防ぐ。さらに、煮汁が常に沸き上がって落としぶたに当たって循環するため、少ない煮汁でもまんべんなく煮汁が回る。煮魚は煮くずれしやすいため、煮ている間は動かさないほうがよいので落としぶたをする。

芋を煮る
― 肉じゃが ―

芋をおいしく煮るためには一気に煮上げることがポイント。味がしみ込んでホクホクおいしい肉じゃがのコツを学びましょう。

煮始めたら、中断しないで煮る

芋、野菜を煮るとやわらかくなるのは、細胞膜に含まれるペクチンが加熱により溶解して、組織がほぐれるから。ただし、煮ている途中で加熱をやめるとペクチンはカルシウムと結合してかたくなってしまう。こうなると再加熱してもやわらかくなりにくいので、煮始めたら中断しないこと。

余熱で味をしみ込ませ、煮くずれを防ぐ

煮ている間に味がしみ込むのは、芋の表面から調味料が吸収され、徐々に内部に浸透するからで、これを拡散という。温度が高いほうが拡散はしやすいが、あまり長時間煮ると煮くずれてしまうので、やわらかく煮えたら火を止め、余熱を利用してゆっくり拡散＝味をしみ込ませるとよい。

調味は「さしすせそ」の順にこだわらない

調味料を加える順番は「さしすせそ」というのが定説だったが、この順で入れても同時に入れても味の差はない。ただし、野菜、芋はやわらかくなってから調味し、しょうゆ、みその香りを際立たせたいときは、一部を最後に加えるとよい。

野菜を煮る
― ロールキャベツ ―

ロールキャベツは、キャベツはとろっと、肉だねはジューシーに仕上げたいもの。煮くずれさせずに作るポイントをチェックして。

落としぶたをして煮立ったら弱火で煮る

ひき肉のうま味が流出するのを防ぐため、落としぶたとなべぶたをして煮立て、ひき肉のまわりを早く固める。ひき肉の表面に火が入ってきたら、弱火にしてコトコト煮る。

キャベツ、肉だねにそれぞれ味をつける

肉だねのうま味を逃さないためには、キャベツのほうにも下味をつけておく。

なべにきっちり詰めて煮くずれを防ぐ

なべは、作りたい数のロールキャベツがきっちり入るサイズを使うのが理想。並べてみてすき間があるようなら、ゆでて残ったキャベツ、キャベツの茎などを詰め込み、ロールキャベツが動かないようにする。

調理法

天つゆ・たれ類配合表（2人分）

種類	だし	容量比	塩	しょうゆ	容量比	砂糖	みりん	容量比	その他
天つゆ	1/2カップ	5		大さじ1と1/3	1		大さじ1と1/3	1	
親子丼（1人分）	大さじ3	3		大さじ1弱	1		大さじ1弱	1	酒大さじ1/2
寄せなべの汁	3と3/4カップ	30	小さじ1/2	大さじ1と2/3	1		大さじ1と2/3	1	酒大さじ2
おでんつゆ	3と3/4カップ	50	小さじ1/3	大さじ1	1	小さじ1/2	大さじ1	1	酒大さじ2
すき焼き	1/2カップ	2		1/4カップ	1	大さじ2弱	1/4カップ	1	

調理の加熱時間／煮る（魚・肉類・豆・豆製品・野菜）

食品	種類		火加減	加熱時間
魚	うす味煮	切り身魚	中火	5〜7分
	うす味煮	姿魚	中火	10〜15分
	濃い味煮つけ	切り身魚	中火	6〜10分
	濃い味煮つけ	姿魚	中火	15〜20分
	あら煮		中火	20〜25分
	みそ煮	切り身魚	中火	10〜15分
	酢煮	小ぶりの姿魚	中火→弱火	80〜90分
	なまり節煮	切り身魚	中火	3〜4分
	イカ煮つけ	輪切り	中火	4〜5分
	貝酒蒸し煮	アサリ・ハマグリ	強火	2〜3分
	洋風蒸し煮	切り身魚	中火→弱火	7〜8分
	魚卵煮	タラコなど	中火	10〜15分
	白煮	イカ	中火	1〜2分
肉類	カレー・シチュー	鶏・羊肉	沸騰後弱火	30分
	ビーフシチュー	もも肉	沸騰後弱火	30分
	ビーフシチュー	すね肉	沸騰後弱火	90〜120分
	ホワイトシチュー	バラ肉	沸騰後弱火	60分
	ポトフー	塊豚もも肉500g	弱火	60分
	ポトフー	塊牛すね肉500g	弱火	180分
	ポトフー	鶏1羽1〜1.2kg	弱火	60分
	水炊き	鶏骨つきぶつ切り肉	強火	60分
	棒々鶏	骨つきもも肉	沸騰後弱火	20分
	角煮	豚塊バラ肉800g	中火→弱火	120〜160分
	豚肉のしょうゆ煮	豚塊もも肉	沸騰後弱火	60分
	ミートソース	ひき肉	中火	20〜25分

食品	種類	火加減	加熱時間
豆・豆製品	五目豆（ゆで豆から）	中火	20〜25分
	黒豆の含め煮（1晩浸水）	弱火	4〜8時間
	湯豆腐	弱火	10分
	がんもどきの含め煮	中火	10〜15分
	うの花煮	中火	7〜8分
	凍り豆腐の含め煮	弱火	15〜20分
野菜	いり鶏（根菜乱切り）	中火	25〜30分
	煮ころがし（芋類丸）	中火	15〜20分
	クリーム煮（芋類さいの目）	弱火	20〜25分
	スープ煮（大根角切り）	弱火	25〜30分
	スープ煮（キャベツ）	弱火	15〜20分
	重ね煮（芋薄切り）	弱火	30〜40分
	含め煮（かぼちゃくし形）	中火	20〜25分
	含め煮（かぶ丸）	中火	25〜30分
	大根の煮物（輪切り）	中火	30〜35分
	煮浸し（葉菜類）	中火	2〜3分
	白煮（下ゆでずみのうど）	中火	3〜4分
	酢れんこん（薄切り）	中火	1〜2分
	きのこ煮（しめじ・えのき）	中火	3〜5分
	いため煮（切り干し大根）	中火	20〜25分
	いため煮（なす）	中火	15〜20分
	こぶ巻き	弱火	40〜50分
	甘煮（かんぴょう）	中火	20〜30分
	甘煮（干ししいたけ）	中火	25〜30分
	甘煮（薄切りにんじん）	中火	10〜15分

いためる

いため物は、高い温度のなべ肌と油脂が作り出す料理。
シャキッとおいしくいためるため、
火加減と時間、いためる順番などのコツがあります。

1. 食材をいためるってどういうこと？

高い温度のなべ肌と少量の油脂により、短時間で加熱する調理法

「いためる」とは、なべに少量の油脂を熱して食材を撹拌し、短時間で加熱する調理法。いためているときのなべの温度は200℃と高温なので、フライパンを揺り動かしたり、食材をかき混ぜたり、なべをあおったりすることで、食材に熱が直接当たるのを加減しつつ、食材の水分を蒸発させて味を凝縮させる。さらに、油脂は食材がなべにくっつくのを防ぎ、風味を加えて口当たりをまろやかにする効果がある。

2. 食材をいためる順番は？

香りが出るもの→かたいもの→味が出るもの→やわらかいものの順に

まずは香りが出る香味野菜や香辛料をいため、風味をいため油に移す。次にかたいものをいためて火を通し、肉や魚などの味が出るものをいためて味成分を出し、最後に野菜などのやわらかいものを加えて味を移しながらいため合わせる。

3. いため玉ねぎに見る食材のカラメル化

食材に含まれる糖分が水を失ってカラメル化し、独特なうま味、甘味を引き出す

玉ねぎをじっくりいためると色が濃くなり、甘味とうま味を増し、香りが出てくる。これは、玉ねぎに含まれる水分が蒸発することで、糖やうま味成分が濃縮されるためといわれる。カラメル化するため。150℃くらいから色づきはじめ、170℃をすぎると茶褐色になる。

■ 玉ねぎのいため色と味、香りの関係

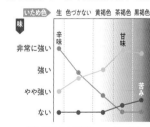 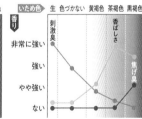

＊『下ごしらえと調理のコツ便利帳』より

4. いためる際の火加減と加熱時間

高温、短時間が基本。香味野菜は弱火で

基本は200℃ほどの高温で、なるべく短時間にいため、材料の水分を蒸発させながら加熱する。

`弱火でいためるもの` にんにく、ねぎ、しょうがなどの香味野菜は弱火でじっくりいためて香りを引き出す。

`強火でいためるもの` 肉、魚介全般は、強火でいためて表面を固め、うま味を閉じ込める。葉野菜など水が出やすいものは、強火でできるだけ短時間でいためる。

調理法

肉と野菜をいためる

いため物の代表、青椒肉絲で本格的ないため物を学びましょう。火加減、切り方、油通しなどに大事なポイントがあります。

牛肉は油通しし、野菜と強火で一気にいためる

肉に下味とかたくり粉、卵白を絡め、低温の油でさっと火を通す。これを油通しといい、肉のうま味、肉汁を閉じ込め、ふっくらさせる。油通しは、いため物を手早く仕上げるためにも効果的。ピーマン、竹の子を強火でいため合わせる際に、野菜の火の通りを気にしてもたもたすることがない。

材料の切り方を揃える

いため物は強火で短時間で仕上げるので、材料の切り方が不揃いだと火の通りにむらができる。太さ、厚さ、長さなどを揃えて切ることで、手早くいためられ、でき上がりも美しく、食べたときの食感もよくなる。

油通ししてから塩をまぶす

油通しする前に塩をまぶす方法もあるが、油通ししたあとにまぶすのもおすすめ。表面に塩けを強く感じるので、味がはっきり際立つ。減塩したいときにもよい方法。

魚介類と野菜をいためる

身が縮みやすく、かたくなりやすい魚介は、下ゆでしておくのがポイント。均一に火が通り、ふっくらとうま味を生かしていためることができます。

野菜、魚介は下ゆでしてから中火〜強火で炒める

アスパラガスなどの野菜は、色よく食感よくいためるために、さっと下ゆでしておくと短時間でいためられる。ホタテ、エビなどの魚介類は、いためすぎるとかたくなってうま味が逃げるので、これも下ゆでしておく。こうしておけば、少量の油でも短時間に火が均一に入り、味わいよく色もきれいに仕上がる。

野菜の下ゆでには油を入れることも

野菜の下ゆででは、ゆで湯に油を入れることもある。油はゆで湯に膜を作って温度が下がるのを防ぎ、野菜を短時間でゆでることに役立つ。

魚介の下ゆでには卵白、かたくり粉、サラダ油を

魚介を下ゆでする際、塩などで下味をつけたあと、卵白、かたくり粉、サラダ油の順に絡めるのがコツ。卵白は表面に膜を作ってうま味を閉じ込め、かたくり粉のでんぷんはα化して口当たりをよくし、サラダ油は魚介どうしがくっついてしまうのを防ぐ。

豆腐とひき肉をいためる
― 麻婆豆腐 ―

香味野菜と豆板醤のいため方、水ときかたくり粉のとろみのつけ方を
覚えて本格的な麻婆豆腐を作ってみましょう。

水ときかたくり粉で
とろみをつけたら
さらに加熱する

水溶きかたくり粉を加えて
とろみをつけ、豆腐とひき
肉、煮汁をまとめる。とろ
みづけのコツは、水ときか
たくり粉を一度に加えずに
濃度の様子をみながら加え
ていくこと。さらに、ちょ
うどよいとろみがついたら、
そこで火を止めずにしばら
く煮立てること。きちんと
かたくり粉に火を入れるこ
とで、とろみが安定し、粉
っぽさがなくなる。

香味野菜は低温でいためる

ねぎ、しょうが、にんにくなどは焦げやすく、焦がすと香りも失
われてしまう。これを防ぐには、油に香味野菜を入れてから弱
火にかけ、最初はじっくりいためること。しだいに温度を上げて
ひき肉を加えるとよい。

豆板醤は単独でいためる

豆板醤はいためることで香
りが強くなり、風味が増す。
そこでなべにスペースを作
って入れ、単独でさっと炒
めてからひき肉と合わせる
とよい。

卵液を
いためる

卵いためをふんわりおいしく作るポイントは、卵の扱い方と油と火加減。
卵とエビのいため物でマスターしましょう。

強火で手早く、
油を入れ込むように
ふんわりと
いため上げる

いため油の量は、卵4個
に対して大さじ4とたっぷ
り使う。これを強火でしっ
かり熱したところにとき卵
を一気に加え、卵に油を吸
い込ませる。すぐには混ぜ
ず、ゆっくり大きくいためる
のもコツ。火が通りすぎな
いように注意し、とり出す。

味つけをし、最後に卵を戻す

香味野菜、エビ、野菜をいためて調味したら、最後に卵を戻し、
手早く合わせてでき上がり。卵に余分な火が入らないように仕
上げるのが大事。

卵はいためる直前に割りほぐす

卵は割りほぐすことで空気
が入り、これが加熱によっ
て膨張するのでふんわりす
る。割りほぐして時間がた
つと、空気が抜けてしまう
ので直前にとくこと。

中国料理合わせ調味料配合表（4〜6人分）

種類	主材料	しょうゆ	みそ	塩	砂糖	酒	かたくり粉	その他
豆腐と豚ひき肉の とうがらしいため 麻婆豆腐	豆腐600g 肉120g	大さじ2と 1/3	赤みそ 大さじ1	—	小さじ1/2 （糖分1.5g）	大さじ1	大さじ1	豆板醤小さじ1/2〜1、 ごま油小さじ2、刻みねぎ、 しょうが、にんにく
白菜のクリーム あんかけ 奶汁白菜	白菜・野菜 合わせて400g	—	—	小さじ2/3 （塩分4.0g）	小さじ1/2 （糖分1.5g）	大さじ1	大さじ2	中華だし1/2カップ、 牛乳1カップ
揚げ魚の甘酢あんかけ 糖醋魚	魚200g	大さじ1/2	—	小さじ1/4 （塩分1.3g）	大さじ4強 （糖分40g）	—	大さじ1	酢大さじ4、トマトケチャッ プ大さじ2、中華だし1/2カ ップ、刻みねぎ、しょうが、 にんにく
五目うま煮 八宝菜	肉・魚介・野菜 合わせて600g	小さじ1/2	—	小さじ1/2 （塩分3g）	小さじ1と 1/2 （糖分4.5g）	大さじ1	大さじ3	中華だし3/4カップ、ごま 油小さじ1、刻みねぎ、しょ うが、にんにく
なすのとうがらし みそいため 魚香茄子	なす600g	大さじ3	—	—	小さじ2 （糖分6g）	大さじ1	—	酢小さじ1、豆板醤小さじ 1/2〜3、刻みねぎ、しょう が、にんにく
エビのとうがらしいため 乾焼大蝦	エビ500g	大さじ3	—	—	大さじ1と 2/3 （糖分18g）	大さじ1	小さじ1/2	トマトケチャップ大さじ3、 豆板醤大さじ3〜5、刻み ねぎ1本分、しょうが、にん にく
酢豚（応用）肉団子 糖醋肉	肉280g 野菜300g	大さじ2	—	小さじ1/2弱 （塩分2.5g）	大さじ6 （糖分72g）	—	大さじ1と 1/2	中華だし1/2カップ、 酢大さじ3、 トマトケチャップ大さじ3
カニたまの甘酢あん 芙蓉蟹	卵300g カニ100g	大さじ1	—	—	小さじ2 （糖分6g）	—	小さじ2	中華だし3/4カップ、 酢小さじ2、しょうが汁
野菜ときのこの 精進いため 羅漢斎	野菜500g	大さじ1	—	小さじ1/2弱 （塩分2.5g）	小さじ2/3強 （塩分2.5g）	大さじ1	小さじ1/2	中華だし1/4カップ、ごま 油小さじ1/2、刻みねぎ、し ょうが、にんにく
牛肉とレタスの カキ油いため 蠣油牛肉	牛肉250g レタス200g	大さじ1強	—	—	小さじ1 （糖分3g）	大さじ1	小さじ1/2	オイスターソース大さじ1
ピーマンと牛肉の とうがらしみそいため 青椒炒牛肉絲	牛肉200g 竹の子50g ピーマン150g	大さじ1と 1/4	—	小さじ1/6 （塩分1g）	小さじ2/3 （糖分2g）	大さじ1	小さじ1/2	ごま油小さじ1、刻みねぎ、 しょうが、にんにく

●材料のいため油は含まれていない。材料の10〜15％を目安とする。
●かたくり粉は2倍容量の水でとくのが基準。

焼く

「焼く」とは、フライパンや網、天板などに食材をのせて加熱し、
焼き色をつけて香ばしい風味をつける調理法。
焼く器具、火加減と焼く時間などについて知りましょう。

2. 火加減と焼き加減のこと

**焼き物は温度管理が難しい調理法。
最初は強火で焼き色をつけ、火力を加減して火を通す**

煮物は煮汁の中で加熱するので100℃を超えることはないが、
焼き物は温度の上昇に限度がないので温度管理が必要。肉、魚
の場合は、最初は中火〜強火で表面に焼き色をつけ、焼き固め
てうま味を閉じ込め、火を弱めてじっくり加熱する。(P143参照)

強火の遠火って?

食材を強い火加減の熱源から離して焼くこと。こうすると輻射熱が材料
全体を覆っておいしく焼ける。炭火焼きなどで行われる方法。

3. 焼く方法には
どんな種類がある?

**焼き網・グリルで
焼く**

食材に直火を当てて焼く
方法。あらかじめ網をし
っかり熱しておくと、食材
がこびりつきにくい。焼き
上がり後は、食材をむり
に動かそうとせずに少し
おくと、はがれやすくなる。

**フライパンで
焼く**

フライパンを熱すること
で間接的に加熱する方
法。鉄製はから焼きして
おくと食材がこびりつき
にくい。フッ素樹脂加工
はから焼きはNG。

**オーブンで
焼く**

オーブン内の空気を熱し
た対流熱で加熱する方
法。熱の当たりがおだや
かなので、時間をかけて
焼く料理に向く。

1. 食材を焼くことで
得られる効果

**焦げた風味が食欲をそそり、
魚や肉のくせを消して食べやすくする**

フライパン、網、天板に食材をのせて加熱す
ると、焼き色がつき、香ばしい風味が生まれる。
魚や肉の生臭さが消え、適度に水分が減って
味成分が凝縮し、焼いたものならではのおい
しさが感じられる。そのためには、料理に合
わせた火加減と時間で焼くことが大事。焼き
すぎ、生焼けにならないように注意する必要が
ある。また、魚や肉は加熱すると分子内の結
合が切れて金属面にくっつくので、フライパン
や網はから焼きしておくとよい。

調理法

ステーキ肉を焼く

レストランで出てくるようなステーキを食べたいなら、肉の下ごしらえと焼き方がポイント。焼けたら熱々を食べる段どりも大事です。

肉汁、うま味を残して焦げ風味をつける。身がしまりすぎないように注意を

まず、肉は冷蔵庫から早めに出し、室温に戻す。冷たいまま焼くと、中心に熱が伝わる前に外側は焼きすぎることも。次に、フライパンをよく熱して油をひく。油なしで焼くと、肉のたんぱく質が鉄と反応してくっついてしまう。さらに、焼きはじめは強火で短時間焼き、表面のたんぱく質を固め、味成分を閉じ込める。

牛肉は熱々を食べる

牛肉は、肉の中では脂肪の融点（溶ける温度）が高いので、冷めると口当たりが悪くなる。ステーキに限らず、熱々を食べるべき。冷めた牛の脂は、口の中に入れても溶けず、ステーキが台無しに。ただし、融点が低くなるように飼育した牛では、熱々＝おいしいとは言い切れない。

肉のすじを切り、焼く直前に塩、こしょうをふる

焼く前の下ごしらえは、肉のすじを切ること。太いすじは加熱すると縮み、ステーキの形が悪くなり、全体が反り返ってしまうことも。すじは肉と脂身の間にあるので、ここに数か所切り込みを入れればよい。また、塩、こしょうは前もってふると身がしまって水分や味成分が逃げるので、焼く直前にふる。

ハンバーグを焼く

ハンバーグはふっくらジューシーに焼き上げたいもの。肉だねのポイント、火加減と焼き方のコツを学びましょう。

ひっくり返すのは1回だけ

ハンバーグを何度もひっくり返すと肉汁が逃げやすく、パサついた仕上がりになりやすい。片面ずつじっくり焼き、ひっくり返すのは1回だけにするとジューシーに仕上がる。まず、熱したフライパンに油をひいてハンバーグを入れ、ときどきフライパンをゆすりながら強火で30秒焼く。弱火にして2〜3分焼き、ひっくり返して裏面も同様に焼く。火が通ったかどうかは、中心に竹串を刺してみて、澄んだ汁が出てくればOK。

玉ねぎはいためてもいためなくてもよい

肉だねの玉ねぎは、いためて加えると甘味がプラスされ、生のまま加えるとさっぱりとした味わいになる。生の五ねぎの場合、焼いている間に水分が出るので、加える牛乳の量を減らすとよい。

ひき肉は塩を加えてよく練る

肉のたんぱく質は、生の状態では強い粘着力を持つので、よく練ることでさらに粘着力が増す。塩は、味つけの役割だけでなく、たんぱく質と反応して更に粘りを増すので味を閉じ込めるほか、くずれにくくもなる。

魚を網で焼く
— サバの塩焼き —

加熱調理の中でも最もシンプルな調理法。魚のおいしさを引き出し、焼き目の香ばしさが味わえる焼き方をマスターしましょう。

盛りつけるときに表側になるほうから焼く

魚を焼くときは、盛りつける際に表側になるほうから焼く。一尾魚の場合は頭が左になるほうが表側。理由は、表面によい焼き色がつくまで焼いたら裏返し、火加減を調節しながら火を通すため。火加減は、焼き網とコンロがどれくらい離れているかによるが、強めの中火を目安に。

塩をする時間で変わる焼き魚の口当たり

魚に2～3%の塩をふってしばらくおくと、表面の水分が引き出されて身がしまる。また、塩が表面のたんぱく質の一部を溶かし、これが加熱されると弾力性が生まれて身がしまる。一方、塩をして時間をおかずに焼くとこれらの変化は少ないため、表面がしまらず全体がふっくら焼き上がる。

■ 魚に塩をしておく時間の長さの違いによる塩焼きの官能評価

A～G:個人		やや悪い	普通	ややよい	よい
生臭さ	直前	(A)(B)			(F)(G)(C)(D)(E)
	30分	(F)(G)			(A)(B)(C)(D)(E)
味のよさ	直前	(B)	(A)(D)	(G)(C)(E)(F)	
	30分		(A)(G)	(C)(E)(F)(D)(B)	
口当たりのよさ	直前	(B)(D)(E)	(A)	(F)(G)(C)	
	30分		(A)(F)(G)	(C)(E)	(B)(D)
総合的なおいしさ	直前	(B)(D)(E)	(A)	(F)(G)(C)	
	30分		(A)(F)(G)(C)	(E)	(B)(D)

＊『野﨑洋光のおいしさの秘密』（松本仲子）より

ふり塩のうち、口に入るのは80%

塩をしてすぐに焼いたものも、しばらくおいたものも実際に口に入る塩の量は80%。100gの切り身に2gの塩をふった場合、1.6gの塩を食べることになる。

魚をフライパンで焼く
— サケのムニエル —

魚の洋風レシピの代表、ムニエル。小麦粉をまぶして焼くので、表面はカリッとし、中はふっくら仕上がります。

フライパンを揺すって魚を動かしながら焼く

フライパンにサラダ油、バターを入れて熱し、小麦粉をまぶした魚を入れて焼き色がつくまで動かさず、そのあとフライパンを前後に揺すって、魚を動かしながら強火で30秒ほど焼く。まんべんなく油脂を行き渡らせ、均一に焼き色をつけるため。ムニエルの場合も、最初に入れた面が表になるので注意する。

サラダ油とバターを併用するワケ

サラダ油だけでは風味に欠け、バターだけでは焦げやすいので併用する。バターは、焼くための油脂というだけでなく、味つけの調味料としての役割も大きい。

> 小麦粉は薄くつける

小麦粉をまぶすことで、魚の余分な水分を吸収し、魚の表面に膜を作って味成分の流出を防ぐ。また、小麦粉を焼くとこんがりした色がつき、香ばしさが生まれる。

魚・肉のつけ汁・たれ類配合表（2人分）

種類	材料の重量	しょうゆ	塩分	砂糖	みりん	糖分	その他
照り焼き用肉	肉 200g	小さじ2	肉の1%	小さじ1～1と1/3	大さじ1/2～1	肉の3～5%	ー
照り焼き用魚	魚 200g	大さじ1と1/3	魚の2%	小さじ2～大さじ1	小さじ1～大さじ1/2	魚の4～6%	ー
蒲焼き用	魚 200g	大さじ1と1/3	魚の2%	小さじ2～大さじ1	小さじ1～大さじ1/2	魚の4～6%	ー
竜田揚げ用	魚 200g	小さじ2	魚の1%	ー	ー	ー	酒大さじ1、しょうが汁小さじ1
南蛮漬け用	魚 200g	大さじ1	魚の1.5%	大さじ1弱	ー	魚の4%	酢・酒・水各大さじ2、ねぎ・とうがらし各適量

ハンバーグの配合（パーセントは肉の重量に対して）

用途	ハンバーグ（ミートローフ、ミートボール）	ハンバーグステーキ
肉の種類	牛豚ひき肉（牛:豚　5:5または7:3）	牛ひき肉のみ*
基本副材料配合	玉ねぎ30～50%** 牛乳（水分）20% 生パン粉10% 卵10% （塩分0.7%）	玉ねぎ15～20% 牛乳（水分）20% 生パン粉4～5% 卵10% （塩分0.7%）
調理のポイント	● たねをよく混ぜる ● 中まで熱が通るように焼く	● たねは混ぜすぎない ● 焼き加減はステーキ同様に扱う ● 調味を軽くする
特徴	● 肉と副材料の調和の味 ● 形がくずれにくい ● 口当たりがしっかりしている	● 副材料が少なく、牛肉の味が生かされている ● 形がくずれやすい ● 口当たりがやわらかい

＊牛肩肉や牛もも肉の赤身肉を包丁であずき大に細かく切って使うとなお美味。
＊＊一部ピーマンやコーンにかえてもよい。チーズや豆腐などのたんぱく質の素材を混ぜるときは20%前後にする。

調理の加熱時間／焼く（卵・魚・肉類・豆製品・野菜・芋類）

食品	種類			火加減	加熱時間
卵	目玉焼き			弱火	2〜3分
	プレーンオムレツ			強火	0.5〜1分
	五目卵焼き			弱火	2〜3分
	伊達巻き卵			弱火	15〜25分
魚	網焼き	塩焼き 照り焼き つけ焼き	切り身魚（厚身）	強火の遠火	8〜10分
			切り身魚（厚さ1cm）	強火の遠火	7〜9分
			姿魚	強火の遠火	12〜15分
	ホイル包み焼き			中火	13〜15分
	貝殻焼き		ホタテ	中火	3〜4分
	フライパン焼き	ムニエル バター焼き	切り身魚	強火→弱火（片面）	4〜5分
			姿魚		5〜6分
		なべ照り	切り身魚	強火→弱火（片面）	6〜8分
		みそ漬け焼き	切り身魚	中火	6〜8分
		白焼き	イカ	中火	2〜3分
	オーブン焼き	グラタン	切り身魚	190〜200℃	10〜12分
		パン粉焼き	姿魚	190〜200℃	13〜15分
		塩焼き	姿魚	190〜200℃	15〜20分
		ホイル焼き	切り身・姿魚	190〜200℃	20〜25分
肉類	網焼き	焼き肉	薄切り牛肉	強火	1〜2分
		七味焼き	厚切り豚肉	強火の遠火	8〜10分
		ステーキ	厚切り牛肉	強火の遠火	3〜8分
	フライパン焼き	ステーキ	薄切り牛肉	強火	2〜6分
		ハンバーグ	ひき肉	強火→弱火	8〜10分
		照り焼き	厚切り豚肉	中火	4〜6分
		チキンソテー	塊もも肉	強火→弱火	15〜20分
		レバーステーキ	厚さ1.5〜2cm	弱火	5〜7分
		ハムステーキ	厚さ5mm	強火	1〜2分
		ホイル包み焼き	そぎ切り	中火	13〜15分
	オーブン焼き	ローストビーフ	塊800g	200℃	15〜30分
		ローストポーク	塊1kg	230→180℃	30〜40分
		ローストチキン	1羽（1〜1.2kg）	250→200→180℃	40〜50分
		ローストラム	ラック500g	200℃	20〜25分
		ミートローフ	ひき肉500g	200→180℃	40〜45分
		焼き豚	塊500g	180→200℃	30〜40分
豆製品	豆腐ステーキ			中火	5〜6分
野菜・芋	網焼き	なす焼き	なす		5〜6分
	フライパン焼き	なす焼き	米なす		10〜12分
	オーブン焼き	グラタン		190〜200℃	7〜15分

揚げる

「揚げる」とは、たっぷりの油の中で食材を加熱する調理法。
揚げ油の温度と食材の関係、衣をサクサクに仕上げるコツを学びましょう。

1. 食材を揚げると どうなるの?

180℃前後のたっぷりの油の中で 食材を加熱する

熱した油の中に食材を入れると、食材の水分が抜け、入れかわるようにして油が入り込む。食材を入れたときに泡が激しく出るが、これが水と油が交換されている証拠。泡が少なくなってきたら揚げ上がりの目安になる。

■ ポテトチップスの水と油の交代

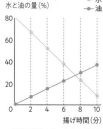

ポテトチップスの中の水と油の量(%)

* 『野﨑洋光のおいしさの秘密』(松本仲子)より

2. 衣はどんな効果がある?

衣には、素材の水分や味成分、香り成分を引き留める効果あり

天ぷら、から揚げ、フライなどの衣は、食材を覆うことで味や香りの流出を防ぐ。また、衣はこんがりと色づいて香ばしさを与え、カリカリ、サクサクといった食感をプラスしてくれる。

3. 揚げ油と衣には どんな種類がある?

油の種類

サラダ油
精製度の高い植物油。原料は大豆、菜種、米、綿実、コーンなどで、これらをブレンドして作られる。どんな揚げ物にも向く油。

ごま油
一般にはごまをいって絞った茶色く、香り高い油。天ぷらの揚げ油に使うことが多い。いらずに絞った太白ごま油という種類もある。

オリーブ油
オリーブを絞った油で、ピュアオリーブ油とエキストラバージンオリーブ油がある。洋風の揚げ物に向き、一般にはピュアオリーブ油が使われる。

衣の種類

薄力粉＋水
天ぷらの衣。グルテンを形成するとサクッと揚がらないので、水は冷水を使い、混ぜすぎないようにする。

薄力粉＋水＋卵or重曹
基本の天ぷらの衣に卵や重曹を加えると、よりカラリと揚がり、味もよくなる。

薄力粉＋卵＋パン粉
フライ、豚カツ、コロッケの衣。薄力粉、卵は食材にパン粉をまぶしつけるための接着剤の役割。

揚げ油の温度の目安

160℃=低温
衣を落とすとゆっくり底まで沈み、2〜3秒でゆっくり浮き上がってくる。

170℃=中温
衣を落とすと底まで沈み、1秒くらいで浮き上がってくる。

180℃=高温
衣を落とすと油の中ほどまで沈み、すぐに浮き上がってくる。

200℃=高温
衣を落としても沈まず、油の表面で四方に散る。

天ぷらを揚げる

天ぷらはカラッと揚げるのがおいしさの決め手。食材に衣を絡め、味成分を逃がさないように揚げるコツを覚えましょう。

野菜→魚介の順に揚げる

エビ、イカなどと野菜を揚げるときは、魚介を先にすると油が汚れるので、野菜から揚げる。油の温度を160℃にして野菜を揚げ、温度を上げてエビは175℃、イカは180℃でカラッと揚げる。

魚介には粉をつけてから衣をくぐらせる

エビ、イカは、いきなり衣にくぐらせても付着せず、油に入れるとはがれてしまうので、衣の前に薄力粉をつける。薄力粉は軽くはたく程度でよい。

衣は揚げる直前に冷水で作る

衣をカラッと揚げるには、小麦粉のグルテンをできるだけ形成させないのが鉄則。グルテンは水を離しにくく、温度が高いと形成されやすいので冷水を使う。卵、薄力粉も冷やしておくとよい。また、グルテンは混ぜることで形成されるので、混ぜすぎないようにするのも大事。

から揚げを揚げる

から揚げに多い失敗は、外側はこんがりなのに中は生っぽいこと。これを防ぎ、サクッとジューシーに作るためのコツを紹介します。

低温で5～6分揚げ、高温で二度揚げする

一度目は低温（160℃）の油で5～6分揚げ、ある程度まで火を通す。油きりバットに移して数分休ませ、余熱でさらに火を通す。二度目は油を高温（180～200℃）で40秒ほど揚げ、衣の水分を抜いてカラッと仕上げる。

から揚げに向く鶏の部位

もも肉が一般的だが、胸肉、ささ身、手羽元、手羽先を使ってもおいしくできる。骨つき肉は火が通りにくいので注意する。

衣の材料を直接加えて絡める

から揚げは天ぷら、フライと違い、衣の材料は直接絡めればOK。下味をもみ込んだ鶏肉に、卵、粉類を順に加えて絡めていく。下味の調味料と卵の水分を粉類に吸い込ませることでから揚げならではの衣になる。

調理法

カキフライを 揚げる

水分が多くてやわらかいカキ。独特の味を生かして上手に揚げるには、衣のつけ方、揚げ油の温度などにコツがあります。

180℃の 揚げ油で 短時間で揚げる

カキをはじめ、魚介は長時間加熱すると身がしまり、水分や味成分が抜けてしまう。カキのなめらかな口当たりと味のよさをキープするには、高温の揚げ油で短時間で揚げるのがコツ。180℃の揚げ油にカキを1個ずつ入れ、衣が色づくまで1分ほど揚げる。

油の表面積の1/3くらいを目安に

カキを一度に入れると油の温度が急激に下がってしまうので、1回に入れる量は油の表面積の1/3くらいにとどめ、適温を保つようにする。低い温度で揚げるとべたついた仕上がりになるので注意する。

衣をつけたら冷蔵庫でねかせる

薄力粉、卵、パン粉をつけたら、ラップをして冷蔵庫で30分ほどねかせる。卵、カキの水分を薄力粉が吸収して粘りが強くなるので、衣がはがれにくくなり、油はねも防ぐ。

豚カツを 揚げる

肉の味成分を逃がさず、ジューシーな豚カツを揚げるために、油の温度と揚げ方のポイントを守りましょう。

170℃を保って 3〜4分揚げる

揚げ油の温度は170℃が適温。これより高いと衣がすぐに色づいて中まで火が通らない。また、低いと時間がかかって油っぽくなり、衣がサクッと仕上がらない。揚げ時間は、全体で3〜4分ほど。途中で2〜3度ひっくり返して均一に揚げる。

3層の衣で、 肉のうま味を閉じ込める

薄力粉は肉の水分を吸収して膜を作る。卵は、パン粉をつける接着剤となり、加熱によって凝固し、肉の成分や味成分を閉じ込める。さらに、パン粉はこんがり色づいて香ばしさとサクッとした食感を与える。

パン粉をつけたら手で押さえて落ちつかせる

パン粉をつけるときは、たっぷりのパン粉にのせ、肉の上にもパン粉をかけて、両手ではさんでギュッと押さえ、落ちつかせる。このまま2分ほどおき、3層の衣をなじませると衣がはがれにくくなる。

調理の加熱時間／揚げる（魚・肉類・豆製品・野菜・芋・穀類）

食品	メニュー		火加減	加熱時間
魚	天ぷら	魚介	180〜185℃	1〜2分
		アナゴ	180℃	3〜4分
		かき揚げ	170℃	3〜5分
	イカの揚げ物	モンゴウイカ棒切り	170℃	2〜3分
	ベニエ		165〜170℃	2〜3分
	フライ	カキ	180℃	1〜2分
		ワカサギ姿	180℃	2〜3分
	竜田揚げ	サバそぎ切り	185℃	2〜3分
	から揚げ	カレイ姿	175→185℃	6〜8分
	香り揚げ	キス姿	170℃	3〜4分
	つくね揚げ		170〜175℃	3〜5分
	油通し		120〜130℃	表面の色が変わるまで
肉類	カツレツ	豚ロース・ヒレ	175℃	5〜6分
	メンチカツ	ひき肉	170℃	4〜5分
	串カツ	豚もも肉	170〜175℃	3〜4分
	コロッケ	チキンクリーム	180℃	2〜3分
	から揚げ	鶏もも肉ぶつ切り	150〜160℃	4〜5分
		レバーそぎ切り	180℃	2〜3分
	衣揚げ	ひき肉団子	160℃	3〜4分
		豚ヒレ肉そぎ切り	175℃	2〜3分
	変わり揚げ	鶏そぎ切り	170℃	2〜3分
	油淋鶏	鶏1羽	150→160℃	20〜25分
		骨つきもも肉	160℃	12〜15分
豆製品	揚げ出し豆腐		180℃	4〜5分
	がんもどき		170℃	4〜5分
野菜・芋	芋のあめがらめ	さつま芋乱切り	160℃	4〜5分
	大学芋	さつま芋乱切り	160℃	4〜5分
	はさみ揚げ	れんこん	160→175℃	4〜5分
	コロッケ	じゃが芋	180→185℃	2〜3分
穀類	ライスコロッケ		160〜170℃	3〜4分
	春巻き（生の具）		160℃	4〜5分
	春巻き（加熱具）		180℃	3〜4分

炊く

「炊く」とは、米などの穀物に水を加えて加熱し、やわらかくする調理法。
現在の日本のごはんの炊き方は「炊干し法」といいます。

2. ごはん・おかゆの 水加減

米と水の割合を覚えれば ごはん、おかゆが手軽に作れる

ごはんの水加減は、洗う前の米の容量に対して2割増しが基本。おかゆは、全がゆ、七分がゆ、五分がゆ、三分がゆがあり、それぞれの水加減がある。

■ 米と水・容量の割合

	米（米用カップ）	水（米用カップ）
白米ごはん	1	1.2
全がゆ	1	5
七分がゆ	1	7
五分がゆ	1	10
三分がゆ	1	20

1. ごはんを炊く メカニズム

米は乾物なのでまずは 吸水→沸騰→弱火で加熱→蒸らす

米は乾燥させたものなので加熱前に吸水させる必要があり、普通は30分、冬場の冷水では60分ほど浸水し米の中心まで吸水させてから加熱する。必要な水と熱でかたいβでんぷんがやわらかいαでんぷんに変化する。加熱し終わったら蒸らし、余分な水分をごはんに吸収させて炊き上がりとなる。

3. ごはんを炊くときの 加熱時間

■ 炊飯の望ましい加熱時間

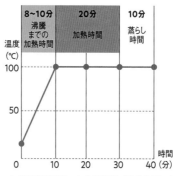

沸騰までは8〜10分、 100℃で20分加熱、 10分蒸らしが理想

ごはんを炊く=炊飯は、加熱時間が重要なポイント。量によって火加減し、10分ほどで沸騰させ、強火で1〜2分したあとは中火から弱火へと火を弱めて20分加熱し、火を止めて10分蒸らす。

＊『野﨑洋光のおいしさの秘密』（松本仲子）より

白いごはんを炊く

おいしく炊けたごはんは食事の基本。炊飯器で炊く場合も、米の洗い方や水加減、炊き上がりのひと手間がおいしさを保ちます。

米は手早く洗ってぬかが出た水を急いで捨てる

米は乾燥しているので、水を加えると急速に吸水する。米をといでぬかが出た水を吸い込ませたくないので、洗い水は急いで捨てること。もたもたしているとぬか臭いごはんになるので注意する。

基本の水加減は米の容量の2割増し

米の2割増しの水加減で炊飯すると、米の重量の2.2〜2.3倍のごはんができ上がる。この水加減を基本に、好みのやわらかさに合わせて加減するとよい。

炊き上がったらよくほぐす

炊飯器でもなべでも、炊き上がったら（蒸らし終わったら）ほぐすのが大切なポイント。余分な水分をとばし、上下を返して状態を均一にする。しゃもじをやさしく使い、底からふんわりとほぐし、米粒をつぶさないように注意する。

炊き込みごはんを炊く

炊き込みごはんの失敗で多いのは、仕上がりがべたつく、米に芯が残るなど。大事なポイントを押さえ、おいしく炊き上げましょう。

調味料は炊く直前に加える

塩、酒、しょうゆなどは米の吸水を妨げるので、十分に吸水して炊く直前に加える。浸水するときから調味料を入れて炊くと、米に芯が残っておいしく仕上がらない。

酒を加えることでベタつきを防ぐ

酒は、炊き込みごはんに風味を与えるだけでなく、ごはんをかたくする働きがあるのでベタつきを防ぐ。ただし、吸水を妨げるので浸水が終わってからほかの調味料といっしょに加えること。

具材を米に混ぜない

おいしいごはんを炊くには米を対流させることが重要。米と具材を混ぜて炊くと、この対流が妨げられ、米が均一に加熱されない。具材は米の上にのせて加熱を始めるのが正解。

調理法

赤飯を炊く

蒸し器やせいろで作っていた赤飯も、今では炊飯器で手軽に炊けるようになりました。水加減のポイントを覚えましょう。

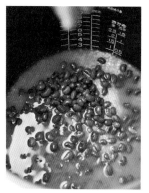

もち米は洗ったらすぐに炊く。水加減は目盛より少なめに

炊飯器の場合、もち米を浸水させるとベタつくので、すぐに炊くこと。水加減（豆の煮汁＋水）は、豆の量によるが炊飯器の目盛よりやや少なめにする。

家庭で手軽に作るなら炊飯器を使う

もち米は飯にするための水の量が少ないため炊きにくいので、蒸しておこわ飯や赤飯にしていたもの。おこわはできないが赤飯は炊飯器でも炊けるようになった。

赤色をきれいに仕上げるには

しっかり赤色に仕上げるには、ささげ、あずきともに質のよい豆を選ぶ。また、煮た豆と煮汁を分けたあと、煮汁を泡だて器で混ぜたり、おたまですくっては落とすことを繰り返すという方法もある。これは煮汁が空気にふれることで色鮮やかになるから。

すし飯を作る

すし酢がほどよくしみて、ぱらりとしたすし飯を作りましょう。上手に作るポイントはすし酢の合わせ方です。

炊きたてのときにすし酢を合わせる

炊きたてのごはんは、でんぷんが膨らんだ状態なので飯粒にはすき間がある。このすき間にすし酢を入れ込みたいので、すし酢は炊きたてに加えるのが正解。ごはんが冷めてしまうと、すき間がなくなってしまうので味がなじみにくい。

飯台がなくても大きめのボウルやバットでOK

飯台は木製なのですし飯の余分な水分を吸収し、ぱらりと食感よく仕上げる。飯台がなくても米２〜３合であれば、大きめのボウルやバットで充分作れる。炊きたてのごはんを手早く移し、すし酢をふり、30秒ほどおいてからしゃもじで切るように混ぜればよい。

すし飯は冷ましすぎないこと

すし飯は人肌くらいが一番おいしく、冷たくなるとでんぷんがβ化してボソボソになってしまう。プロのすし職人は、すし飯を入れたおひつを藁で編んだおひつ入れで保温するなどして気を配る。

調理の加熱時間／炊く（穀類）

ごはん・なべ炊き （米30分浸水）	①〜⑤の加熱時間	35〜40分
	①沸騰するまで。量によって火を加減する	7〜8分
	②ぐらぐらする状態で　強火	1〜2分
	③中火	5分
	④弱火	15分
	⑤蒸らす	10分

		35〜40分
ごはん・電気釜炊き		35〜40分
かゆ（米30分浸水）	弱火	30〜40分
中華がゆ	弱火	40〜60分

炊き込みごはんの味つけと具の割合

米1カップ（200mL）＝170g
いずれも炊く直前に炊き水から調味料（しょうゆと酒）の分量と同量の水を捨て、調味料を加えて炊く。

種類	米	塩分	水の割合(容量)	塩(精製塩)	しょうゆ	酒	そのほか	具の重量 材料	g	米に対する具の割合	ごはん+具の塩分
五目鶏めし	1カップ	2g	110% 1と1/10カップ	小さじ1/6 1g	小さじ1 6g	大さじ1/2 8g	−	鶏肉・野菜	100	60%	0.4%
カキごはん	1カップ	2g	110% 1と1/10カップ	−	小さじ2 12g	大さじ2/3 10g	−	カキ	70	40%	0.5%
サンマごはん	1カップ	2g	110% 1と1/10カップ	−	小さじ2 12g	大さじ1と1/3 20g	−	サンマ	100	60%	0.4%
松たけごはん	1カップ	2g	120% 1と1/5カップ	小さじ1/6 1g	小さじ1 6g	大さじ1/2 8g	−	松たけ	30	20%	0.5%
竹の子ごはん	1カップ	2g	120% 1と1/5カップ	小さじ1/6 1g	小さじ1 6g	大さじ1/2 8g	−	竹の子	100	60%	0.5%
ピースごはん	1カップ	2g	120% 1と1/5カップ	小さじ1/3 2g	−	大さじ1 15g		グリーンピース	60	35%	0.5%
栗ごはん	1カップ	2g	120% 1と1/5カップ	小さじ1/6 1g	小さじ1 6g	大さじ1/2 8g	−	栗	50	30%	0.5%
芋ごはん	1カップ	2g	120% 1と1/5カップ	小さじ1/3 2g	−	−	−	さつま芋	100	60%	0.4%
大豆ごはん	1カップ	2g	120% 1と1/5カップ	小さじ1/3 2g	−	−	−	いり大豆	30	20%	0.5%
桜めし	1カップ	2g	120% 1と1/5カップ	小さじ1/3 2g			ほうじ茶15〜20g			0	0.6%
中国風菜飯	1カップ	2g	110% 1と1/10カップ	小さじ1/6 1g	小さじ1 6g	−	砂糖小さじ2/3 油小さじ2/3	豚肉・野菜	120	70%	0.4%
エビピラフ	1カップ	1.5g	110% ブイヨン1と1/10カップ	ひとつまみ 0.3g	−	−	バター10g	エビ・野菜	100	60%	0.3%
チキンピラフ	1カップ	1.7g	水1/2カップ ブイヨン1/2カップ	−	−	−	バター10g トマトケチャップ30g	鶏肉・野菜	120	70%	0.4%
バターライス	1カップ	1.2g	110% ブイヨン1と1/10カップ	−	−	−	バター10g	玉ねぎ	30	20%	0.3%

※桜めしの炊き水は、ほうじ茶の抽出液。●水加減は具によって、米の容量の100〜120%にする。●エビピラフ、チキンピラフ、バターライスの塩分は、炊き水のブイヨンと「そのほか」の調味料中の塩分を含む（チキンブイヨン1カップ＝1.0g塩分、バター10g＝0.2g塩分、トマトケチャップ30g＝1.0g塩分）。
●エビピラフ、チキンピラフ、バターライスのバター10gは、油10gでもよい。その場合、バター分の塩分0.2gを補足する。

すし飯の合わせ酢配合表

種類	米に対する水の割合		合わせ酢（米1カップ[200mL=170g]の場合）								
			酢			砂糖			塩(精製塩)		
	容量	重量	容量	重量	割合	容量	重量	割合	容量	重量	割合
具を混ぜるすし （やや濃厚味/ちらしずし）	100%（1カップ）	120%	大さじ1と1/3	20g	12%	大さじ1/2強〜1	5〜9g	3〜5%	小さじ1/3弱	1.7g	1%
成形をするすし （標準味/巻きずし、箱ずし、いなりずし）	110%（1と1/10カップ）	130%	大さじ1と1/3	20g	12%	小さじ1〜大さじ1/2強	3〜5g	2〜3%	小さじ1/3弱	1.7g	1%
魚のすし （甘さ控え味/にぎりずし、棒ずし）	110%（1と1/10カップ）	130%	大さじ1と2/3	25g	15%	小さじ2/3〜1	2〜3g	1〜2%	小さじ1/3弱	1.7g	1%

●すし飯の特徴は、あとから合わせ酢を加えるため、水加減をいつもより1〜2割控えてかために炊くこと。●まろやかな味に仕上げるには、こんぶ（水の1%＝米2カップで4g＝10×4cm）を加えて炊くとよい。冬は米の浸水時、夏なら炊く直前に加える。●酢はこくのある米酢が好ましい。時間をおいて食べる場合や夏季なら酢の量を少し増すのもよい。柑橘類の汁を酢の一部と置き換えるとさわやかな風味に仕上がる。

保存の基本

食材を長もちさせるためには、上手に保存することが肝心。野菜、くだもの、肉、魚介などの生鮮食品は、そのまま放置すると味や栄養が劣化します。劣化を防ぎ、長期保存を可能にするのが「冷蔵」「冷凍」。食材によって違う適温、保存方法を知り、むだをなくしましょう。

食材は適切な場所に

冷蔵庫には、食材ごとに長もちさせるための適切な温度設定がされている。この機能を知って食材をむだにしないよう、適切な場所に冷蔵・冷凍保存することが大事。

■ 冷蔵庫の適材適所

温度	適した食材
冷蔵室 (3〜5℃)	調理済み食品／常備菜／飲料など
チルドルーム (−1〜0℃)	豆腐／刺し身／ヨーグルト／漬物など 鮮度が落ちやすい食品で 凍ってしまうと困るもの
野菜室 (6〜8℃)	葉野菜／くだものなど
冷凍室 (−20〜−18℃)	冷凍食品／冷凍保存する食品

低温で保存することのメリット

一般的に細菌は、温度が下がるほど増殖しにくくなるが、これは細菌の細胞内の酵素活性が下がるため。食中毒菌は10℃以下で増殖しにくくなり、0℃になるとほとんど活動できなくなる。

■ 低温と細菌増殖の関係

温度	細菌
10℃以下	ブドウ球菌、ウェルシュ菌、 サルモネラ菌、セレウス菌などの 増殖がゆるやかになる
5℃以下	腸炎ビブリオ菌の 増殖がゆるやかになる
0℃	食中毒菌のほとんどが活動できなくなる
−15℃以下	ほとんどの細菌の増殖が停止する

＊『下ごしらえと調理のコツ便利帳』より

冷凍のメカニズム

温度を下げて食材中の水分を凍らせることで、水分を媒体にしている細菌の活動を低下させる。ただし、活動は低下しても死滅するわけではないので油断は禁物。解凍後には充分に注意すること。

column

菌の増殖と温度

菌が増殖するためには、水分、栄養分、温度の3要素が必要。菌は、15〜40℃の温度下で、水に溶けた栄養（食材の汚れ、たんぱく質、糖など）を分解し、増殖する。一般に35℃前後の環境でよく増殖する。

冷凍中の乾燥と酸化

冷凍中も保存の仕方が悪いと食材は劣化する。「冷凍焼け」は表面が乾燥して起こり、「油焼け」は食材中の脂質が酸化して起こる。これらの予防には、食材が空気に触れないようにラップなどでぴっちり包んで密封密閉することが大事。

column

栄養価はほぼ変わらない

冷凍保存は、魚介、肉、野菜などの素材から、刺し身、調理済み食品まで幅広い食品を、添加物なしで保存することができる。冷凍保存中は栄養価の低下もごくわずかとされている。

常温保存

どんな食材も冷蔵庫に入れればよいというのは誤解。野菜、芋などには低温に弱いものもあり、冷蔵庫に入れると劣化してしまうので、寒い時期は常温保存のほうが長もちする。常温保存で注意することは、日光や高温にさらされず（冷暗所）、湿気がない風通しのよい場所を選ぶこと。泥つきのごぼう、里芋などは、泥を落とさずに保存することも大事。ただし、暑い時季は、これらの食材も冷蔵庫に保存したほうがよい。

乾いた新聞紙で包んで保存
にんじん、大根、さつま芋、泥つきの里芋は湿気や低温に弱いので、新聞紙に包んで常温保存する。

室内の風通しのよい場所で保存
まるごとのかぼちゃ、玉ねぎは通気性のよいカゴに入れ、風通しのよい冷暗所で常温保存する。

じゃが芋はりんごといっしょに保存
じゃが芋は低温や冷気に弱いので、紙袋などに入れて常温保存。りんごをいっしょに入れておくと発芽を抑えられる。

冷蔵保存

常温に置くと劣化が進む食材は冷蔵保存が基本。レタス、きゅうり、トマトなどの野菜、肉や魚介類、卵、豆腐、乳製品などは、それぞれに適した保存法のテクニックがあり、そのひと手間で長もちさせることができる。ほとんどの食材に共通する冷蔵保存のコツは、乾燥や酸化を防ぐために包み方などに気を配ること。また、傷みやすい部分（かぼちゃの種とわた、魚の内臓など）はとり除いてから保存するのも効果的。

乾いた新聞紙で包み、ポリ袋に
なす、トマトなどは冷やしすぎると味が落ちるので、乾いた新聞紙に包んで冷気が当たるのをおだやかにし、ポリ袋に入れる。

肉はラップで密封し、冷蔵室へ
肉はパックのままでは空気に触れて酸化するのでパックから出し、ラップでぴっちり包み、冷蔵保存する。

魚は下処理して密封し、冷蔵する
一尾魚はそのまま冷蔵せず、傷みやすい頭や内臓などをとり除いておろし、ラップでぴっちり包んで冷蔵する。

冷凍保存

冷凍保存は、食材を長く保存することができ、劣化を防げる。上手な冷凍は、なるべく新鮮なうちに小分けにして、早く凍らせること。どんな食材も、この基本を守って冷凍する。野菜、肉、魚介のほかにも、パン、ごはん、チーズ、くだものも冷凍可能。乾燥と酸化を防ぐために、ラップ、アルミホイル、ポリ袋、冷凍保存袋などに包んで冷凍すること。また、冷凍した食材には必ず日付をメモし、1か月以内に食べきるようにする。

野菜はゆでて小分けに
青菜はゆでて水けを絞り、小分けにして冷凍する。ブロッコリー、アスパラガスもゆでて冷凍がおすすめ。かぼちゃ、じゃが芋はマッシュして。

肉は小分けにし、味つけしても
使いやすい量に小分けにし、ぴっちり密封して冷凍。しょうゆ、しょうがなどで下味をつけてから冷凍しておくのもよい。

魚はラップで包み、貝は砂抜きして
切り身魚は1切れずつラップでぴっちり包み、貝は砂抜きして冷凍保存袋に入れて冷凍する。切り身魚は肉のように下味をつけても。

column

豆腐、卵、乳製品の保存

豆腐、卵、乳製品は原則として冷蔵保存。豆腐が残ったときは、保存容器に入れて水をはるとよい。また、豆腐は解凍すると食感が変わるが、冷凍できる。油揚げもOK。卵はゆでてつぶし、卵サラダにするか、卵焼きや錦糸卵にすれば冷凍できる。

column

肉、魚は漬ける保存も有効

肉、魚はみそ漬け、粕漬けなどにして冷蔵保存すれば、生のままより保存性が高まる。さらに、漬けたものを1枚ずつラップで包み、冷凍保存袋に入れて冷凍保存もOK。冷凍中は調味料がしみ込みにくいので、味が濃くなる心配はない。

食材の旬

旬の食材を献立にとり入れることは、その季節に必要な栄養素を摂取することにつながります。四季を感じて食文化を楽しむためにも旬を知ることは大切です。

〈山菜〉
あまゆり
うるい
こごみ
ふきのとう
たらの芽

木の芽

ニラ

クレソン

菜の花

三つ葉

いちご

オレンジ

タイ

うど

白魚

ホタルイカ

ホウボウ

サヨリ

玉ねぎ

そら豆

アサリ

アカガイ

キャベツ

アイナメ

サワラ

ニシン

アスパラガス

さやえんどう

竹の子

ズッキーニ

アワビ

わさび

トマト

ピーマン

しそ

きゅうり

枝豆

オクラ

なす

さくらんぼ

すいか

アユ

とうもろこし

みょうが

じゃが芋

桃

イワガキ

ハモ

タチウオ

アナゴ

にがうり

メロン

ウナギ

ウニ

カツオ

アジ

ホヤ

イサキ

冬瓜

いちじく

あんず

梅

春 夏
冬 秋

ほうれん草

ブロッコリー

カリフラワー

れんこん

ゆり根

里芋

みかん

にんじん

白菜

ごぼう

さつま芋

かぼちゃ

梨

ぎんなん

キウイフルーツ

柿

食用菊

せり

山芋

小松菜

春菊

ゆず

りんご
(秋～冬)

ぶどう

きのこ

栗

青梗菜

カニ

くわい

かぶ

アマエビ

大根
(秋～冬)

落花生

サンマ

サバ

ねぎ

アンコウ

キンメダイ

ブリ

イワシ

カワハギ

サケ

カキ

ナマコ

ワカサギ

フグ

アマダイ

クエ

イセエビ

カレイ

ヒラメ

タラ

『家庭料理技能検定公式ガイド　1級・準1級・2級　筆記試験編』(女子栄養大学出版部刊)

Part 3

エネルギーコントロールと減塩の基礎知識

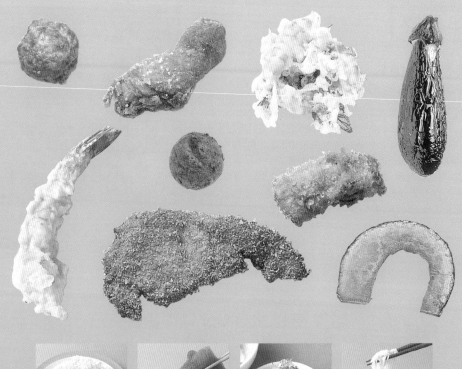

エネルギーコントロール

肥満や生活習慣病の予防に、重要なのがエネルギーコントロール。まずは、揚げ物の吸油率や、肉のエネルギー変化率、ドレッシングと油の付着率を理解するところから始めましょう。

揚げ物の油のエネルギー
～吸油率を理解しよう～

健康のために、最も気になるのは油の量。
なかでも揚げ物はたくさんの油を使うのに、
油をどれくらい食べているか見た目ではわかりません。
こうした揚げ物の吸油率や
油の使用率などを知りましょう。

吸油率って？

揚げ物をしたときに食材が吸収する油の割合

揚げ物は、高温の油に入れて加熱することで水分を蒸発させ、それと入れ替わりに油を吸収させる料理。油がどれくらい吸収されたかは、吸油率で知ることができます。吸油率とは、食材の重さに対して吸収された油の重さを割合で示した値。数値は素揚げ、天ぷら、フライなど揚げ物の種類によって変わります。一般に素揚げは 3 ～ 8%、から揚げは 6 ～ 8%、フライは 10 ～ 20%、天ぷらは 15 ～ 25% を目安にするといいでしょう。たとえば、から揚げは、鶏肉 100g に衣（小麦粉＋かたくり粉）5g の場合、吸油率6% なので吸収された油の量は約 6g となります。

素揚げ　　揚げ物は大きく分けて2つ　　衣揚げ

食材に衣や下味をつけず、そのまま揚げる揚げ方。なす、パプリカなどの野菜の色や姿を生かしたいとき、じゃが芋、かぼちゃ、ぎんなんなどの持ち味を生かしたいときに向いています。れんこん、さつま芋などの薄切りを揚げる野菜チップスも素揚げの料理。また、姿を生かしたい小エビ、稚あゆなどの魚介も素揚げにすることがあります。

食材に衣をつけてから揚げる方法。衣は、から揚げは小麦粉、かたくり粉など、フライは小麦粉と卵とパン粉、天ぷらは小麦粉と水や卵を使います。これらの衣に、青のりなど風味づけの材料を混ぜたり、ナッツ類、はるさめ、道明寺粉などをまぶしつける場合もあります。また、泡立てた卵を衣に混ぜるフリッターなどの衣揚げもあります。

油の使用量って？

いためるときの料理に合った適切な油の量を知る

油は、いため物、揚げ物、サラダなど、毎日食べる料理には欠かせないもの。しかし、油は高カロリーで肥満などの原因になり、とりすぎは健康維持のために避けたいものです。なにげなく使っていると、ついつい多くなりがちなので注意しましょう。料理には、適した油の使用量があり、材料の重さに対する割合（使用率）で示されます。各料理の適正な油の量を知れば、仕上がりが油っぽくならないうえ、健康維持に役立ちます。ふだんよく作る料理については、油の使用率を覚えておくと便利。

サラダ油
大さじ1強
120kcal

1日の油脂の適量は？

油脂は体にとって大事な栄養の１つで、毎日とる必要のある食品。質のよい油を選び、1日の適量を守ってとることが大事。とりすぎは肥満、高脂血症などの原因になるので注意しましょう。

油も計量を

いためたり、焼いたりするときの油は、計量スプーンで計るようにします。目分量だと、思ったよりも多くなりがちです。いため物なら食材の5%前後。焼き物は3%前後を目安にするとよいでしょう。

例）

80gの食材を焼くとき	100gの食材をいためるとき
$80 \times \dfrac{3}{100} = 2.4g$（小さじ1/2強）	$100 \times \dfrac{5}{100} = 5g$（小さじ1強）

■ 油の使用量

料理名	主材料	油の使用量（使用率）
スクランブルエッグ	100g（卵100g、牛乳適量）	いため用バター15g（15%）
チャーハン	300g（ごはん200g、ハム＋野菜50g、卵50g）	卵をいる油5g（卵の10%） いため油10g（ごはんの5%）
きんぴら	ごぼう＋にんじん80g	いため油2.5g（3%）
野菜いため	150g（野菜130g、ハム20g）	いため油7.5g（5%）
肉じゃが	200g（じゃが芋100g、牛肉20g、こんにゃく80g）	いため油4g（2%）
ハンバーグステーキ	150g（ひき肉100g、玉ねぎ30g、その他20g）	玉ねぎのいため油1g（3%） 焼き油6g（4%） ソース用バター3g（2%）
魚のなべ照り焼き	魚（ブリ）100g	焼き油3g（3%）
ムニエル	魚（サケ）100g	焼き油／バター3g（3%）、サラダ油2g（2%）
タコのマリネ	80g（ゆでダコ50g、野菜30g）	マリネ液用オリーブ油4g（5%）

＊松本仲子

素揚げは、食材の形状、切り方、水分量が違うと吸油率が変わります。
見極めのポイントは3つ。これらを押さえておけば、吸収された油の量がわかります。

ポイント 1 食材の表面積が大きくなると吸油率が上がる

食材は、切り方によって形状が変わり、結果として表面積が大きくなると、揚げ油にふれる部分が増えるため、油を吸収しやすくなります。たとえば、じゃが芋をまるごと揚げると吸油率は2%ですが、せん切りにして揚げると19%になり、およそ9倍もアップします。このように同じ食材でも、どう切るかで吸油率に大きな差が出るので、油のとりすぎを防ぎたいときは注意します。

薄く、細く切って表面積が大きくなるほど、吸油率がアップ!

揚げじゃが芋　● 切り方によって変わる吸油率

くし形切り

じゃが芋　皮つき4つ割り(くし形切り)100g

吸油率 **2%**

吸油量を算出
生じゃが芋の重量(100g)×吸油率(2/100)=2g
↓
エネルギーに換算
吸油量(2g)×油1gあたりのエネルギー(8.86kcal)≒18kcal
↓
揚げたあとのエネルギーを算出
生じゃが芋100gのエネルギー(51kcal)+油のエネルギー(18kcal)
=揚げじゃが芋(くし形切り)のエネルギー(69kcal)

薄切り

じゃが芋　薄切り(1.5mm厚さ)100g

吸油率 **15%**

吸油量を算出
生じゃが芋の重量(100g)×吸油率(15/100)=15g
↓
エネルギーに換算
吸油量(15g)×油1gあたりのエネルギー(8.86kcal)≒133kcal
↓
揚げたあとのエネルギーを算出
生じゃが芋100gのエネルギー(59kcal)+油のエネルギー(133kcal)
=揚げじゃが芋(薄切り)のエネルギー(192kcal)

細いせん切り

じゃが芋　細いせん切り(1.5mm角5cm長さ)100g

吸油率 **20%**

吸油量を算出
生じゃが芋の重量(100g)×吸油率(20/100)=20g
↓
エネルギーに換算
吸油量(20g)×油1gあたりのエネルギー(8.86kcal)≒177kcal
↓
揚げたあとのエネルギーを算出
生じゃが芋100gのエネルギー(59kcal)+油のエネルギー(177kcal)
=揚げじゃが芋(細いせん切り)のエネルギー(236kcal)

ポイント2　食材の水分量が多いと吸油率が上がる

食材か揚げ油の中で加熱されるとき、食材に含まれる水分は油と交換されるので、水分量が多いと吸油率はアップします。たとえば同じ野菜でも、水分量が多いなす（90％）は吸油率が14％、水分量が少ないかぼちゃ（76％）は吸油率7％と、その差は2倍にもなります。また、パセリやクルトンは、揚げることで水分を出しきって油と交換されるため、吸油率がとても高くなります。

ポイント3　脂質量が多い食材は脂質が揚げ油に溶け出すため、吸油率は高くならない

肉団子のように脂質量が多いものを素揚げにすると、肉団子に含まれる脂質が溶け出して揚げ油に加わり、揚げ油の量はあまり減りません。脂質の高い食材の場合、吸油率は高くならない傾向があるのです。これは、から揚げでも同様で、鶏肉、豚肉、サバなどの脂質が多い食材のほうが、低脂質のタラより吸油率が低い。

水分が多い食材のほうが吸油率がアップ！

揚げかぼちゃ（薄切り）

 かぼちゃ薄切り20g　吸油率7％

吸油量を算出
生かぼちゃの重量（20g）×吸油率（7/100）＝1.4g
エネルギーに換算
吸油量（1.4g）×油1gあたりのエネルギー（8.86kcal）≒12kcal
揚げたあとのエネルギーを算出
生かぼちゃ20gのエネルギー（16kcal）＋油のエネルギー（12kcal）＝揚げかぼちゃ（薄切り）のエネルギー（28kcal）

揚げなす

 なす75g　吸油率15％

吸油量を算出
生なすの重量（75g）×吸油率（15/100）≒11.3g
エネルギーに換算
吸油量（11.3g）×油1gあたりのエネルギー（8.86kcal）≒100kcal
揚げたあとのエネルギーを算出
生なす75gのエネルギー（14kcal）＋油のエネルギー（100kcal）＝揚げなすのエネルギー（114kcal）

脂肪分が多い食材は、吸油率が上がらない！

イワシのつみれ揚げ

 イワシのつみれ1個20g　吸油率7％

吸油量を算出
イワシのつみれの重量（20g）×吸油率（7/100）＝1.4g
エネルギーに換算
吸油量（1.4g）×油1gあたりのエネルギー（8.86kcal）≒12kcal
揚げたあとのエネルギーを算出
イワシのつみれ20gのエネルギー（21kcal）＋油のエネルギー（12kcal）＝イワシのつみれ揚げのエネルギー（33kcal）

揚げ団子（豚ひき肉）

〈18個分〉豚ひき肉300g、卵60g、しょうが汁少量、かたくり粉9g、ごま油5g、しょうゆ3g、塩1.2g

 肉団子1個20g　吸油率1％

吸油量を算出
肉団子の重量（20g）×吸油率（1/100）＝0.2g
エネルギーに換算
吸油量（0.2g）×油1gあたりのエネルギー（8.86kcal）≒2kcal
揚げたあとのエネルギーを算出
肉団子20gのエネルギー（44kcal）＋油のエネルギー（2kcal）＝揚げ団子のエネルギー（46kcal）

素揚げの吸油率

食材	吸油率	食材	吸油率	食材	吸油率	食材	吸油率
揚げ卵（1個分）	15%	こんぶ	13%	春巻き（1本）	12%	クルトン（1cm角1粒）	99%
ししとうがらし（1本）	10%	じゃが芋（せん切り）	5%	揚げ冷凍ギョーザ（1個）	2%	揚げもち（1個）	5%
パセリ（1束分）	61%	さつま芋（20g乱切り）	3%	揚げシューマイ（1個）	3%	ドーナツ（1個）	15%

衣揚げの吸油率は、衣がどれくらい油を吸い込むかによって大きく変わります。
また、衣の量によっても変わるので、
一般的な衣の量（食材に対する割合で示す）を参考にしてみましょう。

から揚げ

食材にかたくり粉や小麦粉をまぶして揚げるから揚げは、天ぷらなどと比べれば衣が薄いので、吸油率はそれほど高くありません。ただし、小麦粉を使った場合はかたくり粉より油を吸い込みやすくなり、吸油率は高めになります。また、かたくり粉や小麦粉を混ぜて衣にしたり、米粉や上新粉、コーンスターチを使う場合もあり、食感や口当たりなどの仕上がりは違います。

■ から揚げの吸油率の目安

料理名（衣の付着率）	吸油率
カレイのから揚げ（4%）	7%
小ワカサギのから揚げ（7%）	20%
タラのから揚げ（7%）	7%
揚げ出し豆腐（5%）	6%
サバの竜田揚げ（7%）	5%
豚もも肉のから揚げ（11%）	4%

食材の大きさで吸油率が変わる

アジのから揚げ

中くらいのアジ
尾頭つき1尾
85g（正味48g）

衣の付着率　2%
（衣＝かたくり粉2g）

吸油率 **6%**

衣の付着量を算出 生アジの重量（85g）×衣の付着率（2/100）≒2g

エネルギーに換算 衣の重量（2g）×かたくり粉1gあたりのエネルギー（3.4kcal）≒7kcal

吸油量を算出 生アジの重量（85g）×吸油率（6/100）＝5.1g

エネルギーに換算 吸油量（5.1g）×油1gあたりのエネルギー（8.86kcal）≒45kcal

揚げたあとのエネルギーを算出 生アジ（正味48g）のエネルギー（54kcal）＋衣のエネルギー（7kcal）＋油のエネルギー（45kcal）＝アジのから揚げのエネルギー（106kcal）

小アジのから揚げ

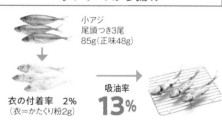

小アジ
尾頭つき3尾
85g（正味48g）

衣の付着率　2%
（衣＝かたくり粉2g）

吸油率 **13%**

衣の付着量を算出 生小アジの重量（85g）×衣の付着率（2/100）≒2g

エネルギーに換算 衣の重量（2g）×かたくり粉1gあたりのエネルギー（3.4kcal）≒7kcal

吸油量を算出 生小アジの重量（85g）×吸油率（13/100）≒11.1g

エネルギーに換算 吸油量（11.1g）×油1gあたりのエネルギー（8.86kcal）≒98kcal

揚げたあとのエネルギーを算出 生小アジ（正味48g）のエネルギー（55kcal）＋衣のエネルギー（7kcal）＋油のエネルギー（98kcal）＝小アジのから揚げのエネルギー（160kcal）

鶏肉のから揚げ

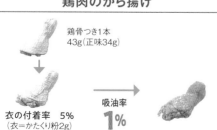

鶏骨つき1本
43g（正味34g）

衣の付着率　5%
（衣＝かたくり粉2g）

吸油率 **1%**

衣の付着量を算出 鶏骨つき肉1本の重量（43g）×衣の付着率（5/100）≒2g

エネルギーに換算 衣の重量（2g）×かたくり粉1gあたりのエネルギー（3.4kcal）≒7kcal

吸油量を算出 鶏骨つき肉1本の重量（43g）×吸油率（1/100）≒0.4g

エネルギーに換算 吸油量の量（0.4g）×油1gあたりのエネルギー（8.86kcal）≒4kcal

揚げたあとのエネルギーを算出 生鶏骨つき肉（正味34g）のエネルギー（64kcal）＋衣のエネルギー（7kcal）＋油のエネルギー（4kcal）＝鶏肉のから揚げのエネルギー（75kcal）

天ぷら

天ぷらの衣は、小麦粉を水や卵でといて作ります。吸油率は高く、素揚げが3〜8%、から揚げが6〜8%なのに対し、天ぷらは15〜25%と段違い。なお、同じ食材を使っても衣の量が多いほど、吸収する油の量は増えます。また、かき揚げの吸油率は40%以上、青じそは500%というように、揚げる食材と切り方などによって大幅に変わるので注意が必要。衣は薄く絡めるようにするとよいでしょう。

衣の量が多いほど吸油率は高くなる

エビの天ぷら

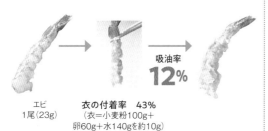

エビ
1尾(23g)

衣の付着率　43%
(衣=小麦粉100g+
卵60g+水140gを約10g)

吸油率
12%

衣の付着量を算出
生エビ1尾の重量(23g)×衣の付着率(43/100)≒10g

エネルギーに換算
衣の重量(10g)×衣1gあたりのエネルギー(1.4kcal)≒14kcal

吸油量を算出
生エビ1尾の重量(23g)×吸油率(12/100)≒2.8g

エネルギーに換算
吸油量(2.8g)×油1gあたりのエネルギー(8.86kcal)≒25kcal

揚げたあとのエネルギーを算出
生エビ1尾(23g)のエネルギー(21kcal)+衣のエネルギー(14kcal)
+油のエネルギー(25kcal)
=エビの天ぷらのエネルギー(約60kcal)

小エビと三つ葉のかき揚げ

20g
(エビ15g
三つ葉5g)

衣の付着率　265%
(衣=小麦粉100g+
卵60g+水140gを約53g)

吸油率
42%

衣の付着量を算出
小エビと三つ葉の重量(20g)×衣の付着率(265/100)=53g

エネルギーに換算
衣の重量(53g)×衣1gあたりのエネルギー(1.4kcal)≒74kcal

吸油量を算出
小エビと三つ葉の重量(20g)×吸油率(42/100)=8.4g

エネルギーに換算
吸油量(8.4g)×油1gあたりのエネルギー(8.86kcal)≒74kcal

揚げたあとのエネルギーを算出
小エビと三つ葉(20g)のエネルギー(14kcal)+衣のエネルギー(74kcal)
+油のエネルギー(74kcal)
=小エビと三つ葉のかき揚げのエネルギー(162kcal)

■ 天ぷらの吸油率

料理名(衣の量)	吸油率	料理名(衣の量)	吸油率	料理名(衣の量)	吸油率
キス天ぷら(62%)	18%	にんじんとごぼうのかき揚げ(320%)	74%	青じそ天ぷら/衣は両面1枚分(1000%)	640%
イカ天ぷら(50%)	18%	かぼちゃ天ぷら(47%)	18%	のり天ぷら(1500%)	425%
アジ天ぷら(27%)	14%	れんこん天ぷら(44%)	19%	さやいんげん天ぷら(72%)	30%
ししとうがらし天ぷら(40%)	23%	生しいたけ天ぷら(71%)	24%	さつま芋天ぷら(36%)	12%
なす天ぷら(70%)	18%	青じそ天ぷら/衣は片面2枚分(700%)	500%	揚げ玉	43%

フライ

フライは、食材に小麦粉、卵、パン粉を順につけて揚げます。衣が層になっていて厚いため、肉など食材の水分や味成分が逃げにくい。また、衣がサクサクと香ばしく揚がり、これが豚カツ、コロッケ、カキフライなどのおいしさに大きく影響しています。吸油率は天ぷらに次いで高く、パン粉の水分量によって差が出ます。水分の多い生パン粉はドライパン粉より吸油率が高くなります。

パン粉はドライより生のほうが吸油率が高い

豚ロースカツ

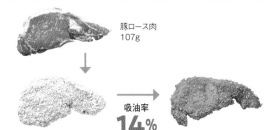

豚ロース肉
107g

吸油率
14%

衣の付着率　26%
（衣＝小麦粉、とき卵、
乾燥パン粉各適量、計28g）

衣の付着量を算出
豚ロース肉の重量（107g）×衣の付着率（26/100）≒28g
↓
エネルギーに換算
衣の重量（28g）×衣1gあたりのエネルギー（2.7kcal）≒76kcal

吸油量を算出
豚ロース肉の重量（107g）×吸油率（14/100）≒15g
↓
エネルギーに換算
吸油量（15g）×油1gあたりのエネルギー（8.86kcal）≒133kcal

揚げたあとのエネルギーを算出
豚ロース肉の重量（107g）のエネルギー（265kcal）
＋衣のエネルギー（76kcal）＋油のエネルギー（133kcal）
＝豚ロースカツのエネルギー（474kcal）

カキフライ

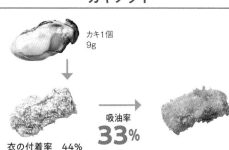

カキ1個
9g

吸油率
33%

衣の付着率　44%
（衣＝小麦粉、とき卵、
乾燥パン粉各適量、計4g）

衣の付着量を算出
カキ1個の重量（9g）×衣の付着率（44/100）≒4g
↓
エネルギーに換算
衣の重量（4g）×衣1gあたりのエネルギー（2.7kcal）≒11kcal

吸油量を算出
カキ1個の重量（9g）×吸油率（33/100）≒3g
↓
エネルギーに換算
吸油量（3g）×油1gあたりのエネルギー（8.86kcal）≒27kcal

揚げたあとのエネルギーを算出
カキ1個の重量（9g）のエネルギー（5kcal）＋衣のエネルギー（11kcal）
＋油のエネルギー（27kcal）
＝カキフライのエネルギー（43kcal）

■ フライの吸油率

料理名（衣の付着率）	吸油率	料理名（衣の付着率）	吸油率
アジフライ（35%）	22%	エビフライ（25%）	13%
タラフライ（14%）	10%	はんぺんのチーズサンドフライ（19%）	14%
イカフライ（35%）	20%	チキンカツ（41%）	14%
イカリングフライ（42%）	18%	エッグクリームコロッケ（13%）	8%

変わり衣揚げ

変わり揚げは、いろいろな衣をつけて揚げるもの。衣によって吸油率はもちろん、エネルギーも変わるので、カロリー制限をしている場合は特に注意が必要。同じ食材で衣を変えた場合（タラの変わり衣揚げ6種）を参考に。

タラのフリッター

フリッター衣（小麦粉70g＋卵1個＋バター5g＋水65mL＋塩少量）

 → 吸油率 **6%** → **A**

タラ100g（72kcal）　衣の付着率28%（衣の重量28g エネルギー51kcal）　（吸油量6g エネルギー53kcal）

タラのフリッターのエネルギー（72kcal＋51kcal＋53kcal）＝176kcal

タラの中国風衣揚げ

中国風衣（小麦粉50g＋かたくり粉12g＋ベーキングパウダー1.5g＋油6.5g＋水70mL＋塩少量）

 → 吸油率 **37%** → **B**

タラ15g（11kcal）　衣の付着率60%（衣の重量9g エネルギー18kcal）　（吸油量5.6g エネルギー50kcal）

タラの中国風衣揚げのエネルギー（11kcal＋18kcal＋50kcal）＝79kcal

タラのクラッカー衣揚げ

衣（小麦粉＋卵白＋砕いたクラッカー各適量）

 → 吸油率 **33%** → **C**

タラ11g（8kcal）　衣の付着率45%（衣の重量5g エネルギー10kcal）　（吸油量3.6g エネルギー32kcal）

タラのクラッカー揚げのエネルギー（8kcal＋10kcal＋32kcal）＝50kcal

タラの紙包み揚げ

副材料（ロースハム5g、ねぎ5g、しょうが3g、しいたけ3.5g、塗り油0.1g）→（エネルギー15kcal）

 吸油率 **20%** → **D**

タラ25g（18kcal）　（吸油量5g エネルギー44kcal）

タラの紙包み揚げのエネルギー（18kcal＋15kcal＋44kcal）＝77kcal

タラのはるさめ衣揚げ

衣（小麦粉＋卵白＋短く切ったはるさめ各適量）

 →   吸油率 **35%** → **E**

タラ11g（8kcal）　衣の付着率64%（衣の重量7g エネルギー14kcal）　（吸油量3.9g エネルギー35kcal）

タラのはるさめ衣揚げのエネルギー（8kcal＋14kcal＋35kcal）＝57kcal

タラのアーモンド衣揚げ

衣（小麦粉＋卵白＋スライスアーモンド各適量）

 → 吸油率 **33%** → **F**

タラ11g（8kcal）　衣の付着率73%（衣の重量8g エネルギー26kcal）　（吸油量3.6g エネルギー32kcal）

タラのアーモンド衣揚げのエネルギー（8kcal＋26kcal＋32kcal）＝66kcal

■ 市販の冷凍食品の吸油率

種類	揚げる前の重さ	吸油率	種類	揚げる前の重さ	吸油率
メンチカツ	55g	12%	野菜コロッケ	60g	16%
お弁当豚カツ	21g	21%	イカフリッター（スナックタイプ）	8g	5%
チキンナゲット	23g	2%	エビフライ	18g	25%
イカリングフライ	16g	8%	ホタテ貝柱フライ	20g	13%
白身魚フライ	50g	27%	フレンチフライドポテト	100g	6%

肉の調理別
エネルギー変化率

肉は良質なたんぱく源ですが、
部位によっては脂肪が多く含まれます。
動物性脂肪のとりすぎは肥満や生活習慣病のリスク。
肉を食べる際は、脂肪を除く工夫をしましょう。

脂身や皮をとり除く

調理前に、肉の脂肪を切ってとり除くと大幅にエネルギーをカットできます。
鶏肉の場合は、皮に多くの脂肪が含まれているので皮をとり除きましょう。

豚ロース
（脂身つき）

豚ロース（脂身つき）110g

273kcal

脂身をとり除く
（脂身20g）
約**51%**
カット

134kcal

豚ロース薄切り肉
（脂身つき）

豚ロース薄切り肉（脂身つき）20g

50kcal

脂身をとり除く
（脂身5g）
約**70%**
カット

15kcal

鶏もも肉
（皮つき）

鶏もも肉（皮つき）280g

532kcal

皮をとり除く
（皮60g）
約**54%**
カット

249kcal

■ 脂肪の除去で減るエネルギー

種類	除去前のエネルギー	除去後のエネルギー	減った割合
国産牛サーロイン肉（脂身つき）200g	626kcal	338kcal	約46%減
輸入牛サーロイン肉（脂身つき）170g	464kcal	334kcal	約28%減
鶏胸肉（皮つき）280g	372kcal	260kcal	約30%減
ラムラック（脂身つき）正味70g	201kcal	32kcal	約84%減

■ 牛ももひき肉の脂身の割合とエネルギー

脂身	赤身	エネルギー（100gあたり）
50%	50%	362kcal
30%	70%	269kcal
20%	80%	223kcal
10%	90%	176kcal

加熱する

肉の脂肪は、焼く、ゆでるなどの加熱調理をすることで、かなりの量が溶け出します。
加熱後は脂肪が減少するので、これに比例してエネルギーも減少します。
※肉100gの調理後と生のエネルギーの比較

網焼き　肉から溶け出した脂が網目から落ちるのでエネルギー減少率は高い。

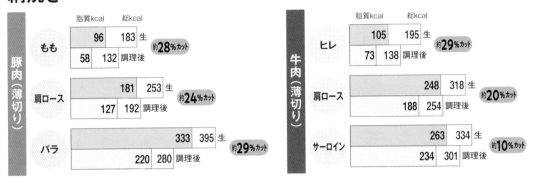

豚肉（薄切り）
- もも　生 脂質96kcal／総183kcal　調理後 脂質58／総132　約28％カット
- 肩ロース　生 181／253　調理後 127／192　約24％カット
- バラ　生 333／395　調理後 220／280　約29％カット

牛肉（薄切り）
- ヒレ　生 105／195　調理後 73／138　約29％カット
- 肩ロース　生 248／318　調理後 188／254　約20％カット
- サーロイン　生 263／334　調理後 234／301　約10％カット

フライパン焼き　網焼きほどではないが脂肪は溶け出す。増加しているのは調理に使った油脂が加わったため。

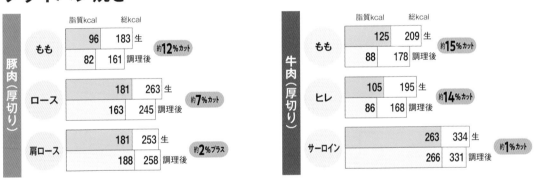

豚肉（厚切り）
- もも　生 脂質96kcal／総183kcal　調理後 82／161　約12％カット
- ロース　生 181／263　調理後 163／245　約7％カット
- 肩ロース　生 181／253　調理後 188／258　約2％プラス

牛肉（厚切り）
- もも　生 125／209　調理後 88／178　約15％カット
- ヒレ　生 105／195　調理後 86／168　約14％カット
- サーロイン　生 263／334　調理後 266／331　約1％カット

ゆでる　脂肪はゆで汁に溶け出しているので、肉のみを食べるようにする。

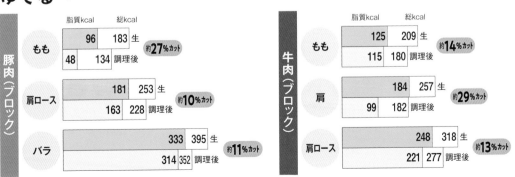

豚肉（ブロック）
- もも　生 脂質96kcal／総183kcal　調理後 48／134　約27％カット
- 肩ロース　生 181／253　調理後 163／228　約10％カット
- バラ　生 333／395　調理後 314／352　約11％カット

牛肉（ブロック）
- もも　生 125／209　調理後 115／180　約14％カット
- 肩　生 184／257　調理後 99／182　約29％カット
- 肩ロース　生 248／318　調理後 221／277　約13％カット

※データは日本食品標準成分表2015年版（七訂）を使用。

ドレッシングと油の付着率

サラダを食べたとき実際に口に入る
ドレッシング（油）の量は、付着率で表します。
付着率は、ドレッシングの配合、
野菜の切り方、あえ方などによって変わるので、
これらの工夫を知れば油の量を控えることができます。

油と酢の配合の違いで油の付着率は変わる

油が多いドレッシングは野菜に絡まりやすくなるので、付着率が高くなります。
Aのドレッシングは付着率が高く、Cに比べて69kcalの差が出ます。

完全に水けをきって3cm四方に切った
レタス100gに、割合の違うドレッシ
ング（A、B、C）を大さじ1かける

A 酢1：油3
油の付着率 **75%** 　口に入る油の量 **11.3g**

B 酢1：油2
油の付着率 **71%** 　**7.1g**

C 酢1：油1
油の付着率 **69%** 　**3.5g**

調味料の順番の違いで油の付着率が変わる

ドレッシングの材料を別々に野菜にかけるとき、
酢を油より先にかけると油の付着率が高くなります。
これは、野菜に水けがついていると水の膜ができて、
その分油の付着面積が大きくなるためです。

油を先にかける
油の付着率
75%
口に入る油
11.3g／100kcal

酢を先にかける
油の付着率
78%
口に入る油
11.7g／104kcal

3cm角に切ったキャベツ100gにAのド
レッシングの割合で調味料をかける。

切り方で油の付着率が変わる

野菜を細かく切ると表面積が大きくなるので付着率が高くなります。
油を控えたいときは、野菜を大きく切るほうがいいでしょう。
※ Aのドレッシングを使用

ごく細いせん切り
84%
口に入る油
12.6g ／ 112kcal

普通のせん切り
81%
口に入る油
12.2g ／ 108kcal

3㎝四方にちぎる
78%
口に入る油
11.7g ／ 104kcal

3㎝四方に切る
75%
口に入る油
11.3g ／ 100kcal

かさが増す切り方は油がつきやすい

野菜のせん切りは、切る前より表面積が大きくなり、かさが増すので付着率が高くなります。
これはうすい野菜ほど高くなり、レタスはきゅうりの1.5倍も高くなります。
※ Aのドレッシングを使用

キャベツ
63%
口に入る油
9.5g ／ 84kcal

レタス
81%
口に入る油
12.2g ／ 108kcal

きゅうり
53%
口に入る油
8g ／ 71kcal

にんじん
57%
口に入る油
8.6g ／ 76kcal

切り口が濡れていると油の付着率が上がる

トマトの輪切り
60%
口に入る油
9.0g ／ 80kcal

塩分コントロール

減塩のための
塩分コントロール
～吸塩率を理解しよう～

塩分コントロールをするためには、味つけだけでなく、下処理の塩分にも注目しましょう。まずは、塩の正しい計量の仕方を確認して。また、塩は種類によって形状がさまざまなので、重量に違いが出ます。それぞれの特徴を把握しましょう。

吸塩率って？

**調理に使った塩分量ではなく、
実際に口に入る塩の量を知る**

調理では、味つけだけでなく、野菜や魚介などの下処理でも塩を使います。減塩を心がけて味つけを薄めにしても、下処理の塩は意外に見落としがち。さらに、下処理の塩分はすべて口に入るとは限りません。たとえば、野菜の塩もみに1gの塩を使っても、たとえば、きゅうりを絞る際に流れてしまう塩分があるので、実際に吸収される塩分は0.4g。これが吸塩量。また、1gに対して40％の塩が吸収されたので、これを吸塩率といいます。吸塩率は、同じ食材でも切り方や塩をする時間が違えば変わるので、どんなときに吸塩率が上がるかを覚えると減塩に役立ちます。

塩の正しい計量の仕方

1杯計るときは

塊がないようにふんわりとすくい、すり切りへらを垂直に立てて平らにすり切る。

1/2杯計るときは

小さじ1を計り、真ん中にへらの曲線部分をまっすぐに差し込み、1/2を払って除く。

いろいろな塩…どの数値を使う？

「食品成分表」には3つの塩の成分値が載っています。塩分量を計算するときは、実際に使った塩の表示、形状などをみて、どの数値を使うかを判断しましょう。

代表的な塩の小さじ1

精製塩

輸入塩を溶かして精製し、塩化ナトリウムが99.5％以上のもの。

小さじ1= **6g**

あら塩

純度は比較的低く、しっとり、サラサラなど形状はさまざま。

小さじ1= **5g**

食塩

「食塩」と表示された塩。塩化ナトリウム99％で純度が高い。

小さじ1= **6g**

口に入る塩分量って？

塩もみ

きゅうりなどの野菜の塩もみは、下味をつける意味もありますが、主に野菜の水分を抜くのが目的です。脱水させることで生とは違う食感、味わいを引き出します。たとえば、きゅうりは塩もみすると歯触りがシャキシャキとし、風味が濃くなるだけでなく、あえ衣などの味つけがなじみやすくなるなどの効果があります。塩もみの塩分は、水分を絞る際に流れ出てしまう分があるので、実際に野菜に吸収される量は吸塩率で計算します。

きゅうり100g
（小口切り）
＋
下塩1.0g
（きゅうりの重量の1.0%）

吸塩率
40%

下塩1.0gに対して
調理後の重量80g
吸塩量
0.4g

野菜の下塩

玉ねぎ（薄切り）
100gを塩もみし、水小さじ1をふり、5分おいて洗って絞る。下塩1.5gに対して／調理後の重量90g／吸塩量0.5g／吸塩率33%

にんじん（なます切り）
100gを塩もみし、水大さじ2/3をふり、15分おいてもんで絞る。下塩1.5gに対して／調理後の重量70g／吸塩量0.7g／吸塩率47%

白菜（そぎ切り）
100gを塩もみし、水大さじ2/3をふり、15分おいてもんで絞る。下塩2.0gに対して／調理後の重量80g／吸塩量0.6g／吸塩率30%

キャベツ（せん切り）
100gを塩もみし、水大さじ2/3をふり、5分おいてもんで絞る。下塩1.0gに対して／調理後の重量90g／吸塩量0.5g／吸塩率50%

塩漬け

塩漬けは、それぞれに適した切り方があり、漬ける時間が長いものほど大きめに切るといいでしょう。また、塩分は目分量ではなく、適正な量の塩を計って漬けることが大事です。

白菜100g

家庭で作る塩漬けは、主に3種類。即席漬け＜一夜漬け＜当座漬けの順で大きさを変えて。

●**即席漬け** 塩もみし、水小さじ1をふり30分おき、軽く絞る。塩2.0gに対して／調理後の重量80g／吸塩量0.9g／吸塩率45%

●**一夜漬け** 塩もみし、水小さじ1をふって重しをし、1晩おき、軽く絞る。塩2.0gに対して／調理後の重量89g／吸塩量1.1g／吸塩率55%

●**当座漬け** 塩もみし、水小さじ1をふって重しをし、1晩おく。軽い重しにかえて冷蔵庫で3日ほどおく。水けを軽く絞る。塩2.5gに対して／調理後の重量79g／吸塩量1.4g／吸塩率56%

ふり塩

ふり塩は、味つけとともに、余分な水分を抜いて身を引き締め、うま味を引き出すのが目的。魚、肉はどちらも0.5%の塩をふって5～10分おき、汁けをふいてから焼いて。

サケの切り身

サケ1切れ（80g）の両面に塩をふり、10分おいて汁けをふきとって焼く。塩0.4g（重量の0.5%）に対して／調理後の重量65g／吸塩量0.37g／吸塩率93%

鶏もも肉

鶏肉200gの両面に塩をふってもみ、5分おいて汁けをふきとって焼く。塩1.0g（重量の0.5%）に対して／調理後の重量149g／吸塩量0.3g／吸塩率30%

調味料別
使う量&食べる量

塩分はしょうゆやソース、トマトケチャップなど、いろいろな調味料にも含まれています。
調味料の使いすぎは塩分過多の大きな原因。
使い方、食べ方ごとに違う各調味料の使用量、塩分量を知り、減塩に役立てましょう。

しょうゆ つける

しょうゆをつけて食べる場合は、つけ方で量に大きな差が。
習慣になってしまうと塩分過剰になりがちなので要注意。

マグロの刺し身（3切れ）

少なめ

多め

少なめにつけるか、多めにつけるかで口に入るしょうゆの量は2倍も差が出ます。また、わさびの有無も大きく影響し、イカ、タイでは差はほとんどないが、マグロの場合はわさびありのほうが2倍も多くなります。また、にぎりずしでは多めにつけると、マグロ、タイのにぎりは2倍、イカは5倍、エビは3倍も多くなります。さらに、すしは飯の側にしょうゆをつけると、しょうゆの量は8倍も多くなり、巻き物も断面につけると8倍多くなることがわかっています。

わさびなし
口に入るしょうゆ0.44g ➡ **塩分0.06g**

わさび入り
口に入るしょうゆ1.17g ➡ **塩分0.17g**

わさびなし
口に入るしょうゆ0.85g ➡ **塩分0.12g**

わさび入り
口に入るしょうゆ1.50g ➡ **塩分0.22g**

＊しょうゆは塩分14.5％のものを使用

マグロのにぎり（1貫37g）

ネタ側につける

少なめ

多め

口に入るしょうゆ0.12g
➡ **塩分0.02g**

口に入るしょうゆ0.25g
➡ **塩分0.04g**

巻き物（1貫22g）

すし飯側につける

少なめ

多め

口に入るしょうゆ0.08g
➡ **塩分0.01g**

口に入るしょうゆ0.56g
➡ **塩分0.08g**

＊しょうゆは塩分14.5％のものを使用

しょうゆだれ

しょうゆだれで食べる料理も、つけ方の違いで塩分量に大きく影響。
食べ方を変えて塩分コントロールを習慣にしましょう。

ギョーザ（1個）

 少なめ

 多め

口に入るたれ0.5g → **塩分0.04g**　　口に入るたれ2.9g → **塩分0.23g**

＊たれは容量比でしょうゆ：酢＝1：1で作った塩分7.9％のものを使用

ギョーザは、マグロの刺し身などよりたれを多めにつけがち。1個で比べると、マグロ0.85gに対し、ギョーザ2.9gと3倍以上になります。ギョーザのたれ（酢じょうゆ／酢：しょうゆ＝1：1）の塩分量はしょうゆの半分ほどですが、多くつけるので結果として塩分を2倍も摂取することに。また、大きいギョーザだと、たれの量も比例して多くなります。酢じょうゆだれの配合を変え、しょうゆを減らして酢を増やすなどの工夫をするとよいでしょう。

しょうゆ　かける・つける

しょうゆは、かけて食べるか、つけて食べるかで使用量が変わります。
冷ややっこのように比較的多く使う料理では注意しましょう。

冷ややっこ（もめん豆腐1/4丁）
薬味あり（しょうが1g、小ねぎ3g、削りガツオ0.2g）

かけじょうゆ

 少なめ

 多め

口に入るしょうゆ2.0g → **塩分0.3g**　　口に入るしょうゆ2.9g → **塩分0.4g**

冷ややっこを食べて口に入るしょうゆの量を、しょうゆを「かける」か「つける」かで比較すると、「かける」ほうが少ないことがわかります。また、薬味の有無でも差が大きくなります。薬味があるほうがないほうより「かける」「つける」ともにしょうゆの量は多めに。その理由は豆腐プラス薬味の分つい多めに「かける（つける）」からと考えられます。最近はスプレー式のしょうゆもあり、使用量が少なくてすむといわれます。

つけじょうゆ

 少なめ

 多め

口に入るしょうゆ2.3g → **塩分0.3g**　　口に入るしょうゆ3.3g → **塩分0.5g**

＊しょうゆは塩分14.5％のものを使用

減塩しょうゆのこと

塩分コントロールのために便利な減塩しょうゆ。農林水産省の基準では「塩分量が9％以下（一般のしょうゆの50％以下）のしょうゆ」と定められています。製法は、普通の濃い口しょうゆを作り、脱塩工程を経て塩分をとり除きます。商品によって塩分量が違うので表示をよく確かめて選ぶとよいでしょう。

ソース　かける

ソースは、豚カツ、コロッケ、フライなどに容器から直接かけるので
使用量のコントロールがむずかしく、注意が必要です。

豚カツ(1枚)　　　　キャベツ(50g)

少なめ

口に入るソース5g ➡ **塩分0.28g**

口に入るソース7g ➡ **塩分0.39g**

多め

口に入るソース15g ➡ **塩分0.84g**

口に入るソース16g ➡ **塩分0.90g**

＊ソースは塩分5.6％のものを使用

豚カツを食べるときは、ソースを容器から好きなだけ直接かけることが多いもの。この食べ方だと、量がわからないので塩分コントロールがしにくいので要注意。豚カツの実験で、ソースを多めにかけるか、少なめにかけるかで量を実験したところ、3倍もかけてしまうことがわかっています。つけ合わせのキャベツも同じで、こちらは2倍以上。塩分を控えるためには、容器から直接かけるのはやめて、小皿に適量を入れてつけながら食べるのがおすすめ。また、からしやレモンを添え、味を変えながら食べるのも効果的。

いろいろなソースの塩分量は？

ソースの塩分は、ウスターソース、中濃ソース、豚カツソースなどの種類によって違います。大さじ1の塩分は、ウスターソース **1.5g**、中濃ソース **1.0g**、豚カツソース **0.8g**。また、お好み焼きソースは **0.7g**。濃厚なソースは糖質が多く含まれており、塩分は低めになります。最近では、減塩タイプのソースも多く市販されており、50〜30％に減塩されているものも。塩分コントロールに合わせて使い分けるとよいでしょう。

＊豚カツソース、お好み焼きソースはメーカーの数値

トマトケチャップ　つける・かける

トマトケチャップは、つけて食べるか、かけて食べるかで使用量に差が出ます。意外に塩分があるので気をつけましょう。

アメリカンドッグ（1本80g）

少なめ

口に入るトマトケチャップ6g
→ 塩分0.2g

多め

口に入るトマトケチャップ11g
→ 塩分0.4g

トマトケチャップは甘味と酸味が強いため、塩分は少ないと思いがち。ところが、トマトケチャップ大さじ1の塩分は0.5g（3.3％）もあり、これはめんつゆと同じくらい。塩分コントロールのためには、使いすぎに注意すること。特にアメリカンドッグのようにかけて食べるものは、かけ方で塩分量に差が出ます。多めにかけたものと少なめにかけたものを調べると、塩分量は2倍になります。容器から直接かけることが多いので、控えめにかける習慣づけを。

ポテトフライ（100g）

少なめ

口に入るトマトケチャップ7g
→ 塩分0.2g

多め

口に入るトマトケチャップ32g
→ 塩分1.1g

＊トマトケチャップは塩分3.3％のものを使用

トマトケチャップをポテトフライにつけて食べたときの量を調べると、一口ごとの量は少なくてもポテト100g全体でみると、かなりの量になるとわかっています。多めにつけたときの塩分量は、一日の塩分摂取基準の目標量の1/6にもなり、みそ汁1杯に相当します。トマトケチャップは計量して小皿に入れ、控えめにつけることが大切。また、トマトケチャップ以外にレモンやカレー粉も添え、味を変えながら食べるとよいでしょう。

トマト加工調味料の塩分は？

トマトを使った調味料の大さじ1あたりの塩分量は、ピザソース **0.2g**、トマトソース **0.1g**、トマトペースト **0.01g**、トマトピューレ **微量**。ピザソースは塩分が高く、使うときは注意が必要。一方でトマトペースト、トマトピューレは、原料がトマトのみなので塩分が少なくなっています。ピザ、パスタ、煮込み料理などを作るとき、トマトケチャップやピザソースの一部をこれらに置き換えると、塩分コントロールに役立ちます。

＊数値はカゴメ

焼き肉のたれ　つける

焼き肉は、1枚ずつにたれをつけて食べるので、
全体でみると塩分過多になりがち。
つけ方で差が出るのでつけすぎに注意しましょう。

塩だれ（ねぎあり）

ねぎ入りレモン塩（レモン汁5g＋塩0.5g＋ねぎのみじん切り3g）
牛タン1枚分（牛タン　生14g⇒加熱後12g）

少なめ

多め

口に入るたれ0.5g ➡ **塩分0.02g**

口に入るたれ2.0g ➡ **塩分0.08g**

塩だれは、ねぎを入れるかどうかで口に入るたれの量が大幅に変わります。ねぎあり塩だれと、ねぎなしの塩だれを比べてみると、ねぎありのほうが8倍もたれが多くなります。理由はねぎに塩だれが絡み、そのねぎごと肉に絡めるから。塩分コントロールしたいときは、ねぎなしがおすすめ。さらに、たれのつけ方の違いをみると、多めにつけたほうが4倍も多くなります。たれを作るときはレモン汁の量を増やしたり、こしょうをプラスするなど工夫しましょう。

つけだれ（牛ロース）

焼き肉のたれ（塩分7.5%のものを15g使用）
牛ロース1枚分（牛ロース　生20g⇒加熱後17g）

少なめ

多め

口に入るたれ0.3g ➡ **塩分0.09g**

口に入るたれ1.1g ➡ **塩分0.20g**

つけだれは、肉の大きさなどにより量に差が出ます。牛ロースはカルビより面積があるのでたれの量も多くなりがちで、ホルモンは表面がツルツルしているので少なめ。また、牛ロースは焼くと表面が波打つので、たれの絡む量が一番多くなります。どの肉を食べるときも、たれは計量して小皿に入れ、継ぎ足ししないで一食分の量をコントロールするとよいでしょう。また、肉をたれに絡めてから焼く場合は、長く焼くほうがたれが少なめになります。

つけだれ（玉ねぎ）

焼き肉のたれ（塩分7.5%のものを15g使用）
玉ねぎ1枚分（生46g⇒加熱後37g）

少なめ

多め

口に入るたれ2.2g ➡ **塩分0.14g**

口に入るたれ3.4g ➡ **塩分0.31g**

焼き肉、バーベキューでは野菜も焼いて食べますが、たれの使用量は肉よりも多くなる場合があります。かぼちゃ、なすの薄切りは少なめにつけても2g前後、多めでは2～3g。ピーマンの1枚は少なめで2g弱、多めでは3gにもなります。塩分コントロールのためには、野菜はマヨネーズ（塩分2%）を少量つけるなどの工夫をするとよいでしょう。

めんつゆ

天ぷら、めん類はつゆにつけて食べますが、口に入る量がわかりにくいので、器に入れる量やつけ方に気をつけましょう。

かき揚げ

天つゆ（容量比でだし：しょうゆ：みりん＝3：1：0.5）60gを器に入れる
かき揚げ1個（35g）

少なめ

口に入るつゆ4g ➡ **塩分0.11g**

多め

口に入るつゆ10g ➡ **塩分0.28g**

天ぷらにつけるつゆの量は、少なめにつけた場合と多めにつけた場合を比べると、最大で4.5倍もの差が出ます。野菜、エビ、かき揚げと具材が違っても、この差はほぼ同じなので、どの天ぷらでもつゆのつけ方には注意が必要。また、つゆに大根おろしを入れると、大根おろしがつゆを含み、これが天ぷらによく絡むのでつゆの使用量が多くなります。

そうめん

そうめん　つゆ（容量比でだし：しょうゆ：みりん＝3：1：1）
そうめん（ゆで200g、薬味／しそ0.8g、みょうが10g）

少なめ

つゆ62gを器に入れる

口に入るつゆの塩分0.8g
➡ **元のつゆの塩分の38%**

多め

つゆ90gを器に入れる

口に入るつゆの塩分2.1g
➡ **元のつゆの塩分の68%**

そうめんは、1本ずつが細いため全体の表面積が大きく、つゆが絡みやすくなります。そのためうどん、そばに比べると、口に入るつゆの量が多くなります。さらに、そうめんの場合は水をはった器に盛ることがあり、つゆが薄まりやすくなるため、薄いまま足さずに食べれば塩分量は増えませんが、家庭ではつゆを足しながら食べることが多く、結果として塩分過多になることが少なくありません。塩分コントロールしたいときは継ぎ足しには注意しましょう。

うどん

うどん　つゆ（容量比でだし：しょうゆ：みりん＝3：1：1）
うどん（冷凍食品ゆで205g、薬味／しょうが2g）

少なめ

つゆ95gを器に入れる

口に入るつゆの塩分0.8g
➡ **元のつゆの塩分の24%**

多め

つゆ98gを器に入れる

口に入るつゆの塩分1.1g
➡ **元のつゆの塩分の34%**

うどんは、そうめんやそばに比べ、めん自体に塩分が多く含まれるのが特徴。うどんの塩分は0.3%、そうめん0.2%、そばは0%で、うどん1玉（200g）には0.6gの塩分が含まれます。最近では無塩タイプのうどんも市販されているので減塩に役立てるといいでしょう。また、うどんはめんが太いので、つゆをつけて食べる場合はほかのめんに比べて塩分は低め。ただし、かけうどんの場合は1杯5.0gと大幅に増えます。

栄養価計算の基本

食材や食事の栄養価計算をすれば、どんな栄養素が不足しているか、またとりすぎているかがわかります。
方法はそれほどむずかしくはありません。「日本食品標準成分表」の成分値を見て、簡単な料理から始めてみましょう。

栄養価計算って何でしょう?

●食事のバランスを整えて食生活を見直す

栄養価計算で栄養素の過不足を知る

バランスの悪い、偏った食生活が長く続くと、肥満や生活習慣病、体力低下などの原因になります。自分の食事のバランスを知るためには、まず栄養価計算をし、どんな過不足があるかを知ることが必要。栄養価計算とは、食事で食べた食材の重量からエネルギー、たんぱく質、炭水化物、脂質、ビタミン、ミネラルなどの栄養成分を計算すること。1品ごとの数値から1食分を合計し、さらに3食1日分を合計すれば、1日にとった栄養がわかります。なんとなく野菜が足りないかな、といった思い込みではなく、数値によって栄養素の偏りがはっきりするので、食事のどこを見直せばよいかが明確になるのです。

●「日本人の食事摂取基準」を目安にする

どんな栄養素がどれくらい必要かを知る

「日本人の食事摂取基準」とは、国民の健康の維持・増進のために食事で摂取すべきエネルギーや栄養素の量の基準で、厚生労働省によって5年ごとに改訂・発表されています。性別、年齢別、身体活動レベル別に定められているので、自分が何をどれくらいとればいいのかがわかります。1日の食事の栄養価計算をしたら、この食事摂取基準の数値と比べ、過不足を調べるとよいでしょう。

●栄養価計算には「食品成分表」を使う

さまざまな食材の栄養成分を知る

栄養価計算には「日本食品標準成分表」を使います。これは文部科学省により調査・発表されているデータで、日常的な食材の栄養成分が網羅されています。さまざまな食品の可食部100gあたりのエネルギー、たんぱく質、炭水化物、脂質、ビタミン、ミネラル、食物繊維はもちろん、アミノ酸、脂肪酸の量なども収載。一般の読者に向けて、見やすく便宜を図った『八訂食品成分表』（女子栄養大学出版部刊）は、「日本人の食事摂取基準」など、健康に役立つ豊富な資料も掲載し、毎年出版されています。

食事摂取基準の例

（30〜40歳代男女／身体活動レベルが「普通」の人／1人1日あたり）

栄養素（単位）		推奨量（目安量、目標量）		耐容上限量
		男	女	
エネルギー（kcal）		2,700	2,050	
脂質（%）		20〜30	20〜30	
たんぱく質（g）		65	50	
炭水化物（%）		50〜65	50〜65	
食物繊維（g）		21以上	18以上	
ビタミン	ビタミンA（µgRAE）	900	700	2,700
	ビタミンD（µg）※	8.5	8.5	100
	ビタミンE（mg）※	6.0	5.5	900／700
	ビタミンK（µg）※	150	150	
	ビタミンB1（mg）	1.4	1.1	
	ビタミンB2（mg）	1.6	1.2	
	ナイアシン（mgNE）	15	12	350／250
	ビタミンB6（mg）	1.4	1.1	60／45
	葉酸（µg）	240	240	1,000
	ビタミンB12（µg）	2.4	2.4	
	ビオチン（µg）※	50	50	
	パントテン酸（mg）※	5	5	
	ビタミンC（mg）	100	100	
ミネラル	カルシウム（mg）	750	650	2,500
	鉄（mg）	7.5	6.5／10.5	50／40
	リン（mg）※	1,000	800	3,000
	マグネシウム（mg）	370	290	
	食塩相当量（g）★	7.5未満	6.5未満	
	カリウム（mg）※	2,500	2,000	3,000以上／2,600以上
	銅（mg）	0.9	0.7	7
	ヨウ素（µg）	130	130	3,000
	マンガン（mg）※	4.0	3.5	11
	セレン（µg）	30	25	450／350
	亜鉛（mg）	11	8	45／35
	クロム（µg）※	10	10	500
	モリブデン（µg）	30	25	600／500

・※印のある成分は目安量、★印は目標量、無印は推奨量。　・上限量で数値が2つあるものは左が男性、右が女性。
・鉄の推奨量（女性）は左が月経なし、右が月経あり。　・ナトリウムは推定平均必要量、男女とも600mgが示されている。

食品成分表の使い方・見方

日本食品標準成分表は、昭和25年に初めてとりまとめられ、現在まで70年以上にわたって改訂を重ね、発表されています。
現在の食品成分表は、2020年に発表されたもの。どんなデータがあり、どう使えばよいかを学びましょう。

食品成分表って何?

　最新の「日本食品標準成分表2020年版（八訂）」は、文部科学省が2015年版（七訂）から5年をかけて全面改訂して公表。最近では給食事業者や病院だけでなく、栄養成分表示をする事業者、食事管理する個人など多くのニーズが高まっていることから、冷凍・チルド・レトルト食品などのカテゴリーが「調理済み流通食品類」として設けられたうえ、エネルギー算出法などが大幅に改訂され、収載されている食品数は2478となりました。

　食品成分表には、いろいろな成分項目がありむずかしく感じますが、家庭で使うときには、食事摂取基準（P179）の項目を中心に見ればよいでしょう。また、食品成分表を用いて、同じような食品を比較することもできます。たとえば、ごはんとスパゲッティを比べるとエネルギーはほぼ同じですが、たんぱく質はスパゲッティのほうが2倍以上も含まれていることがわかります。

食品群別収載食品数

1	穀類	205
2	いも及びでん粉類	70
3	砂糖及び甘味類	30
4	豆類	108
5	種実類	46
6	野菜類	401
7	果実類	183
8	きのこ類	55
9	藻類	57
10	魚介類	453
11	肉類	310
12	卵類	23
13	乳類	59
14	油脂類	34
15	菓子類	185
16	し好飲料類	61
17	調味料及び香辛料類	148
18	調理済み流通食品類	50

食品成分表に収載されている項目

項目	内容
一般成分	エネルギー、水分、たんぱく質、脂質、炭水化物、有機酸、灰分
ミネラル（無機質）	ナトリウム、カリウム、カルシウム、マグネシウム、リン、鉄、亜鉛、銅、マンガン、ヨウ素、セレン、クロム、モリブデン
ビタミン	脂溶性ビタミン：ビタミンA（6種）、ビタミンD、ビタミンE（4種）、ビタミンK 水溶性ビタミン：ビタミンB_1、ビタミンB_2、ナイアシン、ナイアシン当量、ビタミンB_6、ビタミンB_{12}、葉酸、パントテン酸、ビオチン、ビタミンC
食塩相当量	ナトリウム量に2.54を乗じたもの
アルコール	アルコール
備考	硝酸イオン、ポリフェノール、タンニン、テオブロミン、カフェイン

注）別冊として、アミノ酸成分表編、脂肪酸成分表編、炭水化物成分表編がある。

どうやって見たらいい？
食品成分表Q&A

Q [0] [Tr] [—] や
( ) や [ ] つきの数値はどういうこと？

A　[0] は各成分で決められている最小記載量未満か、検出されなかったことを示す。[Tr] はトレースの略で微量を意味し、成分が含まれてはいるが、最小記載量に達していないことを示す。[—] はゼロではないと思われるが、分析していないことを示す。また、( ) つきの数値は、分析ではなく文献などから推計した値で、(0) は文献などにより含まれていないと推測されたということを示す。一方、[ ] つきの数値は、数値を合算するときに推計値を使っていることを示す。

Q 牛肉、豚肉、鶏肉には
種類がたくさんあるけれど、
どれを選べばいい？

A　牛肉は、実際に食べた肉が、松阪牛などの銘柄牛なら「和牛肉」、一般的な国産牛なら「乳用肥育牛肉」、輸入肉なら「輸入牛肉」を選びます。豚肉は、一般的な豚肉は「大型種肉」を、黒豚は「中型種」を。鶏肉は、一般的なものは「若鶏肉」でOK。栄養価計算する際は、どの肉も、種類を選んだら、食べた部位を選びます。また、牛肉と豚肉は、同じ部位でも「脂身つき」「皮下脂肪なし」「赤肉」とありますが、買ってきたままの肉は「脂身つき」、調理で脂肪をとり除いた場合は「皮下脂肪なし」を選びます。「赤肉」は筋間脂肪をとり除いたもので、実際に料理に使うことはないので計算には使いません。

使った肉	成分表の種類
黒毛和牛・銘柄牛（松阪牛など）	うし（和牛肉）
国産牛	うし（乳用肥育牛肉）
アメリカ・オーストラリア産牛	うし（輸入牛肉）
交雑牛	うし（交雑牛肉）
一般的な豚肉	ぶた（大型種肉）
黒豚	ぶた（中型種肉）

Q ビタミンAとビタミンEは
どの欄の数値を見ればよいですか？

A　ビタミンAは、レチノール活性当量の数値を使います。レチノールとはビタミンAの化学名で、活性当量とは「レチノールに換算した量」という意味です。活性当量としている理由は、食品にはビタミンA（レチノール）が含まれるほか、ビタミンAではないが体内でビタミンAに変わる成分（α-カロテン、β-カロテン、β-クリプトキサンチンなどのカロテノイド色素）も含まれるから。これらはそれぞれレチノールに変換される率が違うため、合計してレチノール活性当量としています。ビタミンEは、α-トコフェロールの数値を使います。ほかにβ、γ、δと3種のトコフェロールの数値もありますが、体内でビタミンEとして働くと認められているのはα-トコフェロールだけだからです。

Q 「調理済み流通食品類」って
どんなものが入っているの？

A　このカテゴリーは、「食品成分表2020年版（八訂）」で大幅に改訂された部分。メーカーや配食サービス事業者が製造・販売した冷凍食品、レトルト食品、粉末スープなどのような食品が含まれ、これを分析した成分値が収載されている。また、中カテゴリーに「そうざい」という分類があり、和風、洋風、中国、韓国の代表的な料理の成分値も収載されています。そうざいの数値は、自分が食べた食事のおおよその栄養価を知りたいときに便利。たとえば「青菜の白あえ」「豚汁」「ギョーザ」という献立であれば、これらの成分値を見ることで、エネルギーやたんぱく質、脂質のおおよその量がわかります。

栄養価計算をしてみよう！

食品成分表と電卓さえあれば、栄養価計算は簡単にできます。まずはエネルギーからトライしてみましょう。

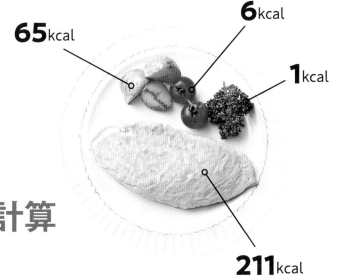

65kcal

6kcal

1kcal

211kcal

オムレツと
つけ合わせの
1人分の栄養価計算

1 レシピの分量から重量を出す

各材料の正味量（1人分）

卵	2個⇒55g×2
塩	軽くひとつまみ⇒0.2g
こしょう	少々⇒0.1g
サラダ油	小さじ1弱⇒3g
バター	小さじ1⇒4g
じゃが芋	1/6個×3⇒25g×3
サラダ油	小さじ1弱⇒3g
ミニトマト	2個⇒10g×2
パセリ	2房⇒1g×2

卵（2個）や塩（ひとつまみ）のように目安量だったり、サラダ油やバターのように計量スプーンの容量（小さじ1弱）のままでは計算できないので、重量に換算し、廃棄率をかけて正味重量にする。

2 食品成分表から食品を探し、食品ごとに重量あたりのエネルギーを計算する

各材料のエネルギー

卵	142kcal×110g／100≒156kcal
塩	0kcal×0.2g／100≒0kcal
こしょう	369kcal×0.1g／100≒0kcal
サラダ油	886kcal×3g／100≒27kcal
バター	700kcal×4g／100≒28kcal
じゃが芋	51kcal×75g／100≒38kcal
サラダ油	886kcal×3g／100≒27kcal
ミニトマト	30kcal×20g／100≒6kcal
パセリ	34kcal×2g／100≒1kcal

食品成分表には食品100gあたりのエネルギーが載っているので、このエネルギー×食品の正味重量÷100gと計算すれば、正味量の栄養価が出る。

3 各計算結果を足す

総エネルギー

卵	＋156kcal
塩	＋0kcal
こしょう	＋0kcal
サラダ油	＋27kcal
バター	＋28kcal
じゃが芋	＋38kcal
サラダ油	＋27kcal
ミニトマト	＋6kcal
パセリ	＋1kcal
	＝283kcal

2の結果を合計して総エネルギーを出す。

食品を加熱調理したときの
栄養価計算のこと

加熱調理したときは、一般的には調理前の重量で計算しますが、より正確にするには「重量変化率」を使用しましょう。

「重量変化率」の表を使う

食品は加熱調理すると、栄養素が増減します。たとえば「ゆでる」では水溶性ビタミンやミネラルが減ります。ゆでたものを食べたときは、食品成分表の（ゆで）の数値を使えばこの変化を反映でき、正確な値になります。このとき注意したいのが、重量変化です。生のほうれん草100gをゆでると重量は70gに減るので「ほうれん草（ゆで）」100gではなく「ほうれん草（ゆで）」70gで計算するのが正解。調理したときにどれくらい重量が変化するかは、食品成分表に「重量変化率」が載っているので、生の重量から計算できます。

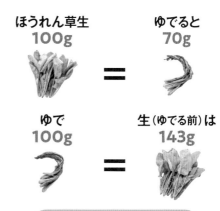

ほうれん草生 100g ＝ ゆでると 70g

ゆで 100g ＝ 生（ゆでる前）は 143g

「生100g」をゆでたものが
「ゆで100g」ではありません！

ほうれん草をゆでる調理の栄養価計算

1 加熱調理後の食品の重量を出す

ゆでたあとの計量をしなくても、重量変化率を使えば計算できます。「ほうれん草（ゆで）」の重量変化率は70%なので、これを生の重量に掛ければOK。

生の重量 重量変化率 ゆでた後の重量

$$80_g × \frac{70}{100} = 56_g$$

2 成分値を計算する

1で出た重量を「ほうれん草（ゆで）」の数値に掛ければ計算完了です。

ゆでほうれん草 100gあたりのエネルギー ゆで56gあたりのエネルギー

$$23_{kcal} × \frac{56_g}{100_g} ≒ 13_{kcal}$$

memo

重量変化率は「ゆで」以外に「水さらし」「焼き」「油いため」「蒸し」などの調理についても記載されています。これらを比較すれば、腎臓病でカリウム制限をしている場合など、どの調理が適しているかを知ることができます。また、ビタミンなどをより多く摂取したいときにも適した調理法がわかります。さらに、米は炊いたあと、めんはゆでたあと、乾物はもどしたあとの重量がわかるので、レシピに乾燥状態の重量しかなくても計算できます。

栄養価計算Q&A

Q 成分値の廃棄率から算出した重量と実際の計量値が違うときはどうする？

A 食品成分表の廃棄率はざっくりとした目安と考えましょう。もし、栄養価計算の目的が給食、病気療養などであれば、実際に計量した数値を採用するほうが正確です。たとえば、野菜や芋などは品種、産地、時季が違えば大きさも変わり、廃棄量もかなり違います。また、皮などの廃棄部分の除去に包丁を使うか、ピーラーを使うかでも違ってきます。魚介も、1尾の大きさが違うと廃棄率が大きく変わります。給食施設では、よく使う食材の廃棄率を独自に調べ、それを使って栄養価計算することをおすすめします。食品成分表の廃棄率と実際の廃棄率の相違が大きいと適正な栄養量にならず、食材を買う量にむだも出るので注意しましょう。

Q 計算に使う重量は調理前に計ったものでOK？

A 栄養価計算を厳密に行うときは、調理後の重量で計算する必要があります。理由は、穀類などは調理すると吸水して重量が増え、肉などは調理で水分や脂質が減って重量が減り、栄養成分値が変わるからです。ただし、家庭での栄養価計算では調理後の重量を計るのはむずかしいので、調理前の重量で計算するのが一般的です。調理前に食材、油、調味料の重さを計ってメモし、その分量から計算して合算すればよいのです。このとき注意したいのが、廃棄率です。たとえば、そら豆はさやごとの重量で計算してはいけません。食品成分表には廃棄率が書いてあるので、計った重量に廃棄率を乗じ、その値を計算に使いましょう。

Q 「ゆで」と「水煮」「生」と「さしみ」は何が違う？

A 「ゆで」は調理の下処理として行う「ゆでる」。ゆで汁を廃棄し、水にさらす、ざるにとって水けをきる、水けを絞るなどの処理をしたうえで分析しています。それに対して「水煮」は、調理として行う「煮物」。「ゆで」のような下処理はせずに分析しています。魚や凍り豆腐は「ゆでる」ではなく「煮る＝水煮」のほうが違和感がないということも考慮されています。ただし、成分分析では調味料やだし汁で煮ず、水で煮て、ゆで汁は廃棄しています。魚の「生」と「さしみ」の違いは、頭や内臓などの廃棄部分を除いた魚そのものは「生」で、さらに皮をとり除いたものを「さしみ」としています。

Q 肉の脂身をとり除いて調理した場合はどうやって計算する？

A 食品成分表で、肉は種類と部位ごとに分けられ、牛肉、豚肉、マトンに関しては「脂身つき」「皮下脂肪なし」「赤肉」「脂身」に分けて成分値が掲載されています。脂肪をとり除いた場合は「赤肉」で計算すればよいでしょう。また、鶏肉については「皮なし」「皮つき」と分けられているので、皮をとり除いた場合は「皮なし」を使います。

Q 合いびき肉の栄養価計算は
どうするのが正解？

A 合いびき肉を購入するときに、牛肉と豚肉がどれくらいの割合で混ぜられているかを確認しましょう。一般的には「牛5：豚5」「牛6：豚4」「牛7：豚3」などの割合が多いようです。割合がわかれば、牛ひき肉、豚ひき肉の成分値を使って計算します。

Q 塩でもんでから、水で
洗い流した場合の塩分量は？

A 塩分がどれだけ残っているかは、吸塩率（使用した塩分に対する口に入る塩分の割合）を調べて計算します。塩もみの吸塩率は、野菜の種類、切り方、使った塩の量、洗い方、絞り方などの条件によって変わります。きゅうり（輪切り）の塩もみでは、水洗いした場合は33％、水洗いなしの場合は40％と差があります。また、同じきゅうりでも、たたききゅうりの場合は吸塩率が60％と高くなります。このように、吸塩率を調べると、塩分量を正確に計算するのに役立ちます（P170参照）。

Q 下味に使った調味料は
どうやって計算する？

A 調味パーセントに従って計算する場合には、下味の調味料は含めませんが、下味の方法によっては含めたほうがよい場合もあります。魚や肉のふり塩の塩分は、それぞれの吸塩率を調べて計算します。しょうゆ、酒を使った下味の塩分は、使用した調味料の量からボウルなどに残った量を差し引くと、ある程度正確に計算できるでしょう。

Q 煮汁、ピクルス液などの
栄養価計算はどうしたらいい？

A 煮物の煮汁については、口に入る量は煮る食材や煮方の違いによって差があります。凍り豆腐や切り干し大根のように煮汁を吸い込むもの、汁けがなくなるまで煮るいり鶏などは、60〜100％の煮汁が口に入ります。正確に塩分量、糖分量を出したい場合は、これらのデータは『調理のためのベーシックデータ』（女子栄養大学出版部刊）の中の資料で調べて計算するとよいでしょう。ピクルス液については、野菜にしみ込む分だけ口に入ると考えてよく、同様に吸塩率と吸糖率を調べて計算しましょう。

Q 塩分とナトリウムは違うもの？

A 塩分とは、食品成分表の「食塩相当量」という欄の数値のことです。食品成分表には「ナトリウム」という欄もありますが、これは必須ミネラルの1つ。ただし、この2つは別々の成分ではなく、食品に含まれる「ナトリウム」を食塩（塩化ナトリウム）に換算した数値を「食塩相当量」としているのです。

食塩相当量 (g/100g) ＝ **ナトリウム** (mg/100g) $\times \dfrac{1000}{2.54}$

栄養価計算で塩分量を算出するときは「食塩相当量」を用いればいいので換算は必要ありませんが、市販の食品では成分表示にナトリウムの数値しかないものもあるので、この計算式で食塩相当量を出し、合算しましょう。

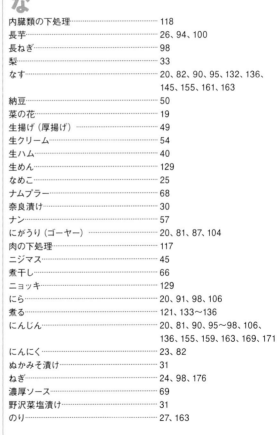

ま

監修

松本仲子

1936年旧・京城（現ソウル）生まれ。福岡女子大学家政学部卒業。女子栄養大学大学院修士課程修了。女子栄養大学大学院教授、桐生大学教授を歴任。現在、聖徳大学・大学院兼任講師、女子栄養大学名誉教授。医学博士。「調理法の簡略化が食味に及ぼす影響」などの研究を行う。著書に『調理科学のなぜ?』『きほんの献立練習帳』(朝日新聞出版)、『おいしさの科学』(幻冬舎)、『調理と食品のための官能評価』(建帛社)、『日本食と出汁』(雄山閣出版)など。

データ協力

松田康子（女子栄養大学教授）

奥嶋佐知子（女子栄養大学准教授）

女子栄養大学調理学研究室・女子栄養大学調理科学研究室

Staff

撮影（五十音順）	川上隆二
	国井美奈子
	田中宏幸
	堀口隆志
	松島均
	松園多聞
イラスト(P156)	横田洋子
デザイン	羽田野朋子
編集・構成	丸山みき(SORA企画)
編集協力	キムアヤン
編集アシスタント	柿本ちひろ／樫村悠香

調理の基本 まるわかり便利帳
食品の知識・調理データ・下ごしらえ・味つけ・調理法・栄養価計算

2021年4月15日　初版第1刷発行
2022年7月10日　初版第2刷発行

監修者	松本仲子
発行者	香川明夫
発行所	女子栄養大学出版部
	〒170-8481　東京都豊島区駒込3-24-3
	電話　03-3918-5411（販売）
	03-3918-5301（編集）
	ホームページ　https://eiyo21.com/
振替	00160-3-84647
印刷・製本	シナノ印刷株式会社

＊乱丁本・落丁本はお取り替えいたします。
＊本書の内容の無断転載・複写を禁じます。また本書を代行業者等の第三者に依頼して電子複製を行うことは一切認められておりません。

ISBN978-4-7895-0523-9
©Matsumoto Nakako,2021

参考文献

「日本食品標準成分表2020年版（八訂）」文部科学省
『八訂食品成分表2021』『調理のためのベーシックデータ第5版』
『野﨑洋光のおいしさの秘密』『食品の栄養とカロリー事典改訂版』
『減塩のコツ早わかり』以上、女子栄養大学出版部
『秘密のおかずづくり』NHK出版